中国出版业十年观察

ZHONGGUO CHUBANYE SHINIAN GUANCHA

肖东发　等著

编辑学人丛书

山西出版传媒集团
山西教育出版社

图书在版编目（CIP）数据

中国出版业十年观察/肖东发等著. —太原：山西教育出版社，2017.8
（编辑学人丛书）
ISBN 978-7-5440-7077-5

Ⅰ.①中… Ⅱ.①肖… Ⅲ.①出版业-研究-中国 Ⅳ.①G239.2

中国版本图书馆 CIP 数据核字（2017）第 070718 号

中国出版业十年观察
ZHONGGUO CHUBANYE SHINIAN GUANCHA

责任编辑 康红刚
复　　审 邓吉忠
终　　审 康　健
装帧设计 薛　菲
印装监制 蔡　洁

出版发行 山西出版传媒集团·山西教育出版社
（太原市水西门街馒头巷 7 号　电话：0351-4035711　邮编：030002）
印　　装 山西臣功印刷包装有限公司
开　　本 890×1240　1/32
印　　张 7.75
字　　数 183 千字
版　　次 2017 年 8 月第 1 版　2017 年 8 月山西第 1 次印刷
书　　号 ISBN 978-7-5440-7077-5
定　　价 20.00 元

总 序

编辑是个关于文字的职业。然编辑写作，如同歌者舞蹈，画家书写，相亲相近，却属客串，票友性质。昔时，编辑职业流动性大，或作家兼任，或教授代办，编辑写作实乃常态。当下，此业相对固定，更为专业化，作为独立的写作，反倒少了。然就编辑工作而论，写作无疑有益于提高职业素养。

《编辑之友》杂志创刊于1981年，为国内最早的出版学刊，当代编辑出版学借此发展，并直接推动了相关学科的研究。在此基础上，1986年11月设立书海出版社，作为山西人民出版社的副牌，出版了大量编辑出版学研究成果。此次“编辑学人丛书”的出版，实为文脉承续。

丛书取材，无外编辑从业者、教学者两类，或编辑论编务，或编辑谈杂学。论编务者，难免有些工作总结意味，然内行看门道，字里行间捕捉信息，价值不可限量。出版改革的蜿蜒进程，此处可见；市场变化的左右摇摆，此处可闻。作为一个区间的记录仪，经验积累也罢，史料价值也罢，其意义不唯当下，也在以后。入编此丛书者，以职业定调，内容不囿。故在丛书名号下，各具形态，此不为过，在各自领域上乘即是。

时下，出版形态日新月异，编辑的能力与修养与之应对相关。新业态产生新需求，新需求促成新形制，但总有一些千变万化中之不变，成为众人为之固守的精神内核。丛书仍固执地以纸质形式出版，其着重者，即其中之一。编辑学产生之前，编辑已然存在；编辑学成熟之时，编辑依旧从业。编辑学之确立，为的是于纷乱繁杂中理析出规律，使编辑能更快入手，出版能更好发展。如今电子网络无限延展，编辑队伍日趋庞大，自媒体时代，人人皆写手，人人可编辑，但业余与专业毕竟不同。编辑人数越多，编辑学问当越精，此间越发显得专业素养的可贵与可靠。

作为编辑学说最早的倡导与刊发者，《编辑之友》在贡献学术论文的同时，汇集相关内容出版图书，此非业务之延伸，乃业态之深化。丛书秉承者，刊物一贯之质量品格也。

编辑是个不衰的行当，也是在传承中不断顺应变化的事业。编辑之于实操的任何思考，规整为文字，则为文章；规制为理论，则为学问。时间上的滞后，无碍理论上的超前。所谓学术眼力，既为理解能力，判断定力，更是《编辑之友》持之不懈的努力。

丛书于不急不躁、不紧不慢中陆续开印。其间或有这样那样问题，对于编者，唯有克服困难，坚持不懈，编下去，走下去。起初，读者的期待不及编者的期许，待书出版，得以认可，读者的企望便会超过编者的祈望。但愿如此。

是为序。

康　宏

（康宏，《编辑之友》主编）

序　言

在我国当代编辑出版学的研究领域里，大体上有三种类型的专家在发挥着各自的作用，一是在高校里从事编辑出版学教学和科研的教师团队，二是在行业内一面从事编辑出版实务一面进行理论研究的业内人士，三是在新闻出版科研机构里从事编辑出版学研究的专业人员。这三种类型的研究者经常有所交流，有所切磋，由此而形成一个时期来编辑出版学的学术研究和谐而不庸俗、斑斓而不混乱的良好氛围。在这中间，北京大学教授肖东发先生虽然属于来自高校方面的专家，可是他与业内专人士、研究机构专业人员关系融洽，联系广泛，因而广受尊重。在编辑出版学学术研究的群体中，肖先生称得上是一位颇具感召力、凝聚力的忠厚长者，一位具有影响力的学术带头人，一位成果丰硕、成就卓著的学者。说肖教授是忠厚长者，不只是因为他在这个群体里属于稍稍年长的专家之一，更主要是由于他是非明晰、平等待人的为人。说他是学术带头人，不是因为他有何官职，而且肖先生也并无官职，有的头衔只是北京大学教授、博士生导师，还有就是若干学术研究团体的委员之类，然而在学术上真正称得上带头人的，必须来自于他在学术上的影响力。肖教授在编辑出版学学术领域里的影响力是同业者所不能忽视的。至于说到他的学术成果，且看他迄今已经出版的《中国书史》《中国藏书楼》《中国编辑出版史》《中国图书出版印刷史论》《插图本中国图书史》等20余部著作和发表的200多篇论文，便可观其概貌。他还是国家社科基金资助项目8卷本《中国出版通史》的常务副主编，由此亦可看出他在这个学科的学术地位。

现在，肖东发先生又有新著出版，就是这本《中国出版业十年观察》。

读《中国出版业十年观察》的文稿，感到十分亲切。全书由两部分组成。第一部分是2005—2014年，肖先生以关键词的形式对我国出版业每一年度状况的回顾和分析；第二部分是2005—2014年，肖先生在多届海峡两岸华文出版论坛上的发言。前者是行业综述性的文章，后者则是就近期研究重点所作的理论阐述。前者每一篇发表时都受到行业人士的关注，其带有学院派文章“重学理”的特点，与其他“表彰式”的行业综述文章不太一样，堪称一家之言。后者是在海峡两岸华文出版论坛上的发言，几乎每一篇我都在论坛上聆听过，有着比较深的印象，都能感觉到肖先生“重学理”的特点。早些年，我曾经在一些场合发表过浅见，呼吁高校的研究在自觉贴近业界的同时，更要显示出一些学院派“重学理”的特点——尽管我本人并不在学院工作而只是一个出版工作者。在许多学科的研究中，与学院研究相对立的实务派（姑且如此称谓）常常取笑学院派，认为他们寻章摘句，死抱学理，脱离实际。久而久之，学院派似乎成了一种错误学术倾向的代名词，尤其是来自学院的作者，就有了学院派的嫌疑，不少人避之唯恐不及。甚至有人为了避嫌，就有意放弃对学理的演绎，主动向某些实务者献媚。学术研究向实务靠拢，本来没有什么不好，然而，献媚则有问题，因为实务中往往有着许多复杂的问题，其中或是功利的因素，或是策略的考虑，甚至是具有一定的盲目性，其学术品质有时就不如学院派“重学理”那么纯粹。在出版业大繁荣大发展的形势下，倘若能够有一些“重学理”的学术研究，有一分事实，讲一分道理，一定有利于行业的健康发展。肖东发先生正是如此这般地在做着每一年度的行业回顾和评价。现在，这些文章汇编成书，我不仅因为对它们熟悉而感到亲切，更因为它们显示出来的学术品格让我又一次生出声气相投的亲切感。

面对《中国出版业十年观察》，我不仅有许多亲切感，还有一个新的发现。这个发现就是肖东发先生在学术研究上坚持不懈、自强不息的精神。

结识肖先生已经很多年了，对于肖先生执着于某一目标，坚持不懈、自强不息地进行研究，是有所了解的。肖先生是目录文献学出身，后来才开始了编辑出版学、文化学等方面的研究。尽管他在后来的研究领域里成就卓著，可原先的研究专业也从未放弃或懈怠，其专著及编著的《中国书史》《中国图书》《年鉴学概论》《中国统计资料概览》《中国藏书楼》《实用年鉴学》以及多次主编《中国图书馆年鉴》，都是我国这个领域的一流著述，可见肖先生一直在坚守自己原先的专业领域。肖先生的坚守和负责精神尤其表现在海峡两岸华文出版论坛的创办上。这个论坛由北京大学和台湾南华大学于2005年联合创办，其后陆续有河北大学、南京大学、北京印刷学院和台湾世新大学加盟，延续至今，已逾十届，其中出力最多的核心人物就是肖先生。每一届的策划筹备工作主要是他在操持，每一届都是他打电话邀约我出席，而且往往是多次叮嘱，让我一定要参加，其诚恳认真的态度还让我不敢有些微的懈怠。每一届论坛，肖先生不是发表演讲，就是主持，忙得不亦乐乎。可以这么说，倘若没有肖先生的坚持，这个论坛或许不会延续至今。又譬如，肖先生用了相当长一段时间深入研究历史文化，于是就有了由他牵头主编的好几本相关图书相继出版，《北京传统文化便览》出版20余年一直沿用至今，《风骨——从京师大学堂到老北大》《风物——燕园景观及文化底蕴》《风范——北大名人寓所及轶事》等书在北大校园内外广受欢迎，长销不衰。

正因为有着坚持不懈、自强不息的精神，才有了肖先生十年来每一年都能对出版行业做一番观察分析的壮举，也才有了这样一本“十年观察”的新著。近些年来，本人也忝列编辑出版学研究群体，做一些被称为学术的文章，然而往往坚持不够，对一些命题，常常浅尝辄止，故而成绩平平。在这个领域里，我所见到的为大家所尊重的一些像肖先生这样的成功者，无不是贵在坚持，咬定青山不放松，选准一个选题坚持不懈地掘进，方成就自己的一番事业。诚如南宋学者朱熹在《中庸章句集注》一书中对《中庸》中的“博学、审问、慎思、明辨、笃行”一说所注：“君子之学，不为则已。为则必要其成，故常百倍其功。”朱熹身体力行这一信念，才有了儒学研究集大成者的历史地位。朱熹的所谓“君子之学”，一如《周易》中提出的“天行健，君子以自强不息”，根本在于“自强不息”，“君子”应效法天道，刚健地运行不止。肖先生正是切实践行“君子之学”的要求，坚持不懈，自强不息，这才有了一个又一个令我们钦佩的学术成果。

肖东发先生《中国出版业十年观察》一书的出版，引发我以上一些的感想，特记下来与读者和同行交流。

是为序。

聂震宁

（聂震宁，现任韬奋基金会理事长，原任中国出版集团公司总裁）

目录

壹 第一部分

贰 第二部分

壹 第一部分

2005年出版业热点评述

回顾2005年中国大陆的出版产业，北京大学新闻与传播学院教授、现代出版研究所所长暨台湾南华大学管理学院出版事业管理研究所客座教授肖东发，总结归纳出15种现象，同时也提出了个人对这些现象的看法与说明。

一、持续发展，忧喜参半

在过去的二十几年，中国大陆的图书出版品种一直在不断增加，到2004年已有219,000种；1998年年度出版单位的利润率排在全国各行业利润率的前5位。但在另一方面，从1995年到2003年，广播电视节目的时间已由38万小时，增加到118万小时，增加了2.1倍，报纸总印张也由259亿印张增加到1235亿印张，增加了3.8倍。但图书的总印张从63亿增长到66亿，却仅增长4.8%；人均购书费用33元和人均购书册数5.5册，也一直没有太大的变化，并未随着近年来人均GDP的快速增长而增长。又根据中国出版科学研究所连续三次对国民阅读与购买倾向所做的专题调查结果显示，传统纸本阅读率持续走低，而网上阅读率却持续大幅上升。于是，我们似乎在欣欣向荣的出版产业数据中，看到了背后已经存在的危机。

二、转制试点，推广缓慢

现在绝大多数出版社被要求从事业型转向企业型，要按照公司法、企业法来确定结构。如果是公司制的，必须明确公司制的出资单位和股东；如果转制以后，企业成为股份制的公司，公司的领导体制只能是董事会下经理负责制的企业体制。但在改制的同时出版发行企业融资中的控股权问题凸显，加上目前出版业原本存在的其他主要问题，如出版单位分类标准不清，假书、伪书现象严重，图书出版种数大幅增长，但印数下降、通货增加、库存暴涨、效益下降等等，种种问题造成改革成本巨大，改革动力不足。因此，预计出版体制要获得真正的改革，还需要一段时间。

三、伪书成灾，狠刹严管

过去的一年是假书、伪书泛滥的一年，图书市场上出现伪书现象，一些图书盗用西方原著书名，但作者是假的、书的内容是假的，或是根本就是无中生有，书名、作者、内容都是假的。参与造假的出版社就有20多家，且都是合法的出版单位。新闻出版总署已经几次发文，公布伪书及出版社的名单，并进行了处罚。

北京锡恩管理公司总经理姜汝祥在2005年勇于打击伪书，树立了诚信的品牌，其系列经管图书继续受到关注。倡导将生命信仰、职业精神和注重家庭合为一体的曼德推出了《新职业观》一书，受到摩托罗拉中国区前总裁时大鲲的称道，中国企业管理图书以学习为起点、以诚信为态度、以服务中国为宗旨，正在走向成熟。

四、品牌维护，保卫三联

文化品位、图书风格、书籍装帧的稳定性，是一个出版企业文化和长期品牌战略的成果。在出版界历来有所谓“商中三”之说，即商务印书馆的工具书、中华书局的古籍、三联书店的学术专著，都是品牌。又有所谓的计算机网络类图书出版的“四大金刚”，分别是人民邮电、电子工业、机械工业、清华大学四家出版社。但目前这些原本不多的出版品牌却都面临了一些问题，如：影响范围窄，仅限国内，缺乏国际声誉。另有些老字号出版社，像过去的商务、中华、三联，在工具书、古籍重印、教科书、学术书出版等方面都有不错的表现，现如今却是缺乏开发新的高质量出版物的魄力，只是坐吃老本。2004年出现的“保护三联”事件就说明品牌需要维护和延伸。

五、影印《四库》，重复浪费

清代乾隆时期编辑的大部头丛书《四库全书》当年抄写了七部，分藏七阁，原本没有印刷。对于是否需要影印一事，20世纪初曾有过一场争论，大多数学者的意见是没有必要全印，只需选出其中有价值的且在市面上罕见的便行，结果是在当时商务印书馆张元济的主持下，选印出《四库全书珍本》，这种实事求是的态度值得肯定。

20世纪80年代，台湾商务、上海古籍先后影印了文渊阁本《四库全书》，后者发行700多套，已是很大的浪费。我在当时就发表了好几篇文章反对这种浪费行为。没想到21世纪初在已经有了多种光盘版、电子版、网络版《四库全书》的情况下，重复影印之风卷土重来，而且愈演愈烈，造成很大浪费。请看2005年12月28日各大媒体，包括《中华读书报》头版头条对商务印书馆影印文津阁本的报道，又如2006年1月8日《光明日报》对杭州出版社影印文澜阁本的报道，还有更多要印文溯阁本的消息传来，这么多家出版社都重复影印大同小异、成千上万册的《四库全书》，每套定价都要20万或40万元人民币，这可以说是出版界最大的浪费。重印《四库全书》其实没有宣传词所说的有那么大的意义，不值得吹捧和鼓励。倒是《四库全书存目》《续修》和《禁毁》等几套书各有其价值，《四库全书总目提要》也有再印的必要。

六、出版集团，不必全“化”

截至2005年12月底，共有20家出版集团成立。出版集团化的目的原本是为了打破地方保护主义，实现跨国际、跨地域、跨行业、跨所有制的经营，增强出版企业实力，但由近年来所组建的出版发行集团的名称来看，却都仍是以地域为名，且大部分集团的产生都有政府凑成的“因缘”，和应该经由市场优胜劣汰的竞争而出现的集团大不相同，这样的出版集团自然也完全没有办法达到集团化原本的目的。在另一方面，出版产业本应该有着大大小小的出版社，这就像是一个联合舰队，有航空母舰，也有巡洋舰、驱逐舰及鱼雷快艇，各有各的战略位置，这样出版业才能更好地发展。

七、民营出版，稳步发展

民营书业的发展崛起于1982年的图书体制改革。20多年来，其发展大致经历了由小书摊到大书店，由零售二级批发到全国性总发行，由个体运营到区域性、全国性网络建立的过程。2005年政府为民营书业争取税收优惠政策，认为开在县以下的民营发行企业，应和新华书店一样，享受增值税先征后返政策。2005年全国有11个省市实行中小学教材招投标试点，拥有总发权的民营发行企业将与新华书店平等参与竞标。

目前在零售市场上，已有七八万家民营书店遍布城乡，比新华书店多5倍有余，从业人员也多达40多万，更出现一批营业面积上万平方米、年销售码洋上亿元的大型书店。尽管根据研究调查显示，目前新华书店仍是出版物销售的重要管道，但出版物分销市场已经形成，包括：新华书店、个体书店、商场超市、音像商店、书报摊、邮局、网站，甚至是违法经营的街头小商贩等，多种流通渠道都是读者买书的管道。

除了参与书籍的发行，民营书业还积极参与出版前端的工作，但由于民营出版不具有编辑出版权，所以常常是以书架、书坊、图书工作室、文化传播公司等名义存在，最终再采取与出版社合作的方式获得正式出版权，以较深的方式介入图书出版流程，包括图书前期的策划、组稿、包装到后期的宣传制作和发行。据统计，全国民营选题工作室有数千家；策划选题品种占全国的40%，其中教辅书占全国的85%；年出书100种以上的有100家；年销售1000万码洋以上的有300多家；有5家码洋上亿元，到2004年年底，已有14家民营书业跻身全国总发行企业行列。

民间书业的力量虽然逐渐兴起，但要面临的困境还不少。整体而言，民营书业相较之下仍显得资金不足、经营管理方式落后、人才缺乏、力量分散、新技术引进缓慢，政策、信息缺乏共享，信誉度方面受限，因此民间书业目前还是依附国营出版企业而生存。

另一方面，就整体发行市场而言，无论是新华书店还是民营书店，成本都仍居高不下，且拖欠余款25%以上。目前，大陆图书业物流流通费用约占总流通费用的40%~50%，而世界先进水平是20%，日本的领先水平是15%，且供货与配送的速度缓慢，约7至15天，这些都是亟待解决的问题。

八、"红学"争论，拨乱反正

2005年学术界的又一现象，就是以刘心武为代表的"草根派"和众多红学家组成的"精英派"，就《刘心武揭秘〈红楼梦〉》展开了空前的大争论。红学家认为，刘将红学研究引入了歧途，在社会上造成了很大的误导。而刘心武据理力争，声称自己的研究是另辟蹊径、自成体系，红学界不能压制、封杀不同的观点。这场争论不但得到了读者的支持，也引发了社会的读"红"热。2006年初又推出一批红学书，急于翻身的正统"红学"能否得到读者的青睐，可说是书市上的一个热门话题。

整体而言，刘心武的"讲红楼是我的权利"获得广大读者的认可，某些"红学权威"的地位已经发生动摇，同时也突显出了人们参与社会文化生活的强烈欲望。与此相似的现象，坊间也出现一堆关于"戏说""正说"的热潮，但究竟"戏说"是误导世人，还是起了启蒙普及的作用，是需要认真思考的问题。中华书局的《正说清宫十二朝》等一批“正说”书的畅销也说明读者的阅读能力、鉴赏水平在提高，读史也要拨乱反正。

最近又有学者提出“孙悟空是山东人”“花果山原型是泰山”这类观点，面对这样的作品，网络上90%以上的网友认为，这种研究无聊至极，但研究者山东师范大学文学院教授杜贵晨却认为自己的研究是很严肃的。

如何读名著？如何搞学术研究？确实是值得认真思考和深入探讨的问题。

九、“狼书”成群，输出版权

2004年4月到2005年8月25日，《狼图腾》销量达100万，企鹅出版社预付10万美元（以前大都5000美元），以10%的版税买断其英文版权。这样的结果显示，原创作品受到世界读者的普遍欢迎，《狼图腾》的出版也带出了出版市场上一堆跟风的“狼书”。

《狼图腾》卷尾最后一部分带出的“狼文化”和“羊文化”现象的讨论，不少学者由此谈到游牧民族三次南下征服农耕民族，与其说是入侵，不如理解为民族交融，汉族用博大的胸怀来吸纳和融合异域文化。明末清初西方传教士来华开始了图书翻译，这引起中西文化的冲突与交流，中国学习西方的过程可分器物、制度、精神三个方面，也有“全盘西化”与“回归传统”之争。

世界发展到21世纪，全球不同文明、宗教的关系应当是“和”，孔子所说的“和而不同”的“和”是多样性、多元性、差别性的共存，“同”是单一性、同构型、一元性。各类文明不应该是你死我活的关系，而应该是共存、互补、多赢的关系。谈到出版市场，目前大陆实际的版权贸易，每年卖出和买进版权的比例却是1∶10，买入大大多于卖出。面对这样的事实，有人认为是合理的，也有人认为要改变。未来中国的出版经营势必要积极透过策略运用、版权贸易、合作出版或是跨国出版等方式，走国际化的道路，将融合国际市场与传统文化民族特色相结合的文本推向世界。

十、青春文学，拼杀激烈

“80后”是20世纪80年代出生的人的简称。以韩寒、郭敬明、李傻傻、张悦然、蒋方舟、春树等为代表的“80后”新锐作家风头正劲。据统计，目前以“80后”为主的青春图书，在文学图书市场上的比例已占到10%，而整个中国现当代作家作品加起来在图书市场的比例也占到10%，真是棋逢对手。

但“80后”的作品存在致命的弱点，主要是：生活面太窄，作品缺乏深度，又受商业文化的影响，主要是为市场写作、为金钱写作。虽然眼下他们的作品卖得好、炒得热，但没有几部能进入文学史，多为昙花一现。有些评论家甚至把他们比喻为“时代的青春痘”，并尖锐地指出：这些内容空洞、雷同、模式化、无病呻吟的作品，使得传统的文学作品在人们心目中的地位正在沦丧。

青春文学的崛起，也让作者出现越来越低龄化的现象，目前年龄最小的作者是《窦蔻流浪记》的作者，只有6岁，听说还有出版商正酝酿推出“90后”作家的专集，包装年轻人，把这些少男少女打造成明星，有时还要制造些“剽窃”“侵权”等官司案件，这样的“包装”对这些年轻人及广大青年读者有多大好处呢？实在值得怀疑。2005年，还出现了声音小说、嗅觉体验式读本、剧情小说、音乐小说，乃至“厕所小说”。

2005年12月28日湖南人民出版社推出《中国男孩洪战辉》，市场反映很好。出版社声称销量已达2万册以上，还接到60万册的订单，是2006年元旦全国图书市场最有影响的图书之一。出版社还将推出洪战辉日记、洪战辉故事等系列丛书。此书定价不到10元，制作也很简单。《中国男孩洪战辉》的热销再次说明，任何营销方式都是图书推广的手段和技巧，绝不是最终目的，内容质量仍至关重要。

上述热点现象引申出的问题是，青春文学一直很热，但多数作品质量不高，作为出版人需要思考的是，对市场是迎合还是引导，对读者是迁就还是提高。

十一、童书出版，大有空间

中国约有3.67亿的少年儿童，本土原创童书的发行量却往往只有几千册，但英国著名女作家J. K. 罗琳小说《哈利·波特》的发行量从第一集到第五集却已累计发行了714万册，平均每部销售143万册，2005年的第六集《哈利·波特与混血王子》，也上了近期图书排行榜总榜的榜首。

面对这样的情况，期望大陆的少儿启蒙读物可以在“多功能”上下功夫，打通识字书、故事书、图画书和字帖等图书类型间的界限，并针对这一年龄段的儿童特殊的认知结构，在书中加入更多信息，以帮助幼儿早期智力的开发。在把知识、故事、歌谣介绍给孩子们的时候，也应加强儿童参与的部分，在故事中穿插动手，在讲解中融入学习，形成读与学的互动。如此，本土出版的童书才能具有市场竞争力。

十二、图文并茂，名人画传

名人画传是2005年的一个热点。《王菲画传》《宋美龄画传》《邓丽君画传》《黛安娜画传》《切·格瓦拉画传》《三毛私家相册》《张国荣私家相册》等应有尽有，达200种之多。但画传的跟风出版、相互抄袭现象非常严重，相关法律法规却还不健全，长此以往，后果严重。

图像书和绘本仿佛开创了一个新的图书体例，山东画报出版社的《老照片》《老漫画》别开生面，同时儿童漫画、卡通类、成人绘本纷至沓来，文学图书、旅游图书、学术书也纷纷插图，甚至经营管理类也要跟进，几乎成了无图不成书的“读图时代”。大型丛书《话说中国》，以1500个历史故事、3000幅历史图片，立体、直观、生动、深入地展现了中国五千年历史，深受好评。美国《读者文摘》当即买了此书的海外版权。不到一年，该书的国内销售量也已过百万册。

图像与文字的关系在发生变化，有人认为图像比文字更“真实”，比文字更具全球化、商品化特征，渐渐的图像不再是文字的附属，图像的叙事功能正在不断增强。但“读图时代”的到来确实也造成了理性衰退、阅读能力衰退、理性思维降低等现象，并对其他媒介形式形成了强大的压力和霸权。事实上，在视觉形象中，存在着让视觉意义平面化和表层化的倾向，对文化的传播有负面的影响。理想中文字与图像在传播中应达到和谐的配比，图像是文字之“眼”，文字是图像之“锚”，文字和图像、声音的共同合力对传播将更具影响力。

十三、韩流超女，风光有限

韩流来袭，每年都有一个卖点，哈韩风潮在2005年达到了新的高峰，继电视连续剧《大长今》创下收视率新高之后，《大长今》的图书也供不应求，且从图书、影视到旅游、餐饮等方面形成了系列。这真是“韩书难抗拒，韩流不可挡”的一年。

另一个2005年媒体最为关注和热炒的话题，则是借“超女”开始了疯狂出书的市场现象。这些书的内容素材大多是自“超女”开始以后的媒体报道，经过责编整合而成，从开始整合到书的出版，其间仅仅4天！尽管这种图书并没有精耕细作，但罩上了“超女”的光环，如《我为“超女”狂》一书首印就5万册，随后又迅速加印到10万册左右。2005年，出版社跟在“超女”身后一路狂奔，也出了一批书刊、音像、电子、广告等文化产品。文化创新产业将是2006年后相当长的一个历史时期的新热点。

十四、巴老辞世，绝响《随感》

巴老逝去，但留下了一大批精神财富，就是他的著作。新版《随想录》是当年书业最值得纪念的一本书。它一上市便跃上了非小说类图书排行榜的第一名，成为书店的抢手作品。读者去买巴老的书籍并非因为其有华丽的装帧，而是因为巴老提倡“讲真话”，能够“把心交给读者”。但目前市面上却出现一些失去了图书内涵的“黄金书”。在沪春节礼品市场低调地热销的“黄金书”主要有三种：《人民领袖毛泽东》售价15,800元、《孙子兵法》售价19,800元和《论语》售价22,800元。这种让普通读者望而却步的天价书，已经从文化产品演变成纯粹的炫耀财富的奢侈礼品，早就失去了图书原本的价值和意义，与巴老的《随想录》形成鲜明对比。

十五、数字出版，增幅领先

近年来，大陆在数字出版发展方面有了不错的成绩，2004年年底数字出版的销售收入达35亿，年均增幅达50%，带动相关产业增加产值约250亿。截至2005年4月，中国大陆电子书销售总册数达到805万册，出版总量达到14.8万种。2004年，有5家出版社通过销售E-Book年获利超过百万，超过50万的有15家，超过30万的有26家，电子图书为传统出版社呈现出相当乐观的盈利前景。我国目前还有网络学术期刊786种，1300亿字，99%的学术期刊实现了数字出版，代表企业如清华同方、重庆维普、万方数据等。

另一方面，北京大学出版社原社长彭松建也指出：带宽资源、读者群体、网上支付和版权保护是影响中国E-Book发展的主因。而一些传统出版者的观望心理也同样会影响网络出版地位的提升。例如：一本没有纸质版的E-Book出版，是否与传统图书具有相同的权威性？这影响到了作者的写作和对E-Book的支持度，目前网上许多内容资源都是免费的，也有很多免费下载的E-Book，读者是否会愿意下载需要付费的E-book呢？这些都是需要面对的问题。

（原载台湾《出版界》2006年第1期，万丽慧记录整理，肖东发审定）

2006年出版十大关键词解读[1]

2006年的中国出版业，有稳定、有惊喜，也有波折。从年初的订货会看，可谓亮点频现：农家书屋成为“十一五”重点发展规划；上海新华传媒上市，为传媒业资本化改革打了一剂强心剂；辞书出版准入制出台，对规范市场起到一定作用；最热门的话题无疑是图书价格战，从中凸显出的行业隐忧值得关注；中小学教材迎来新一轮招标，教材出版行业引发不小动荡；《中国读本》成为第一次真正意义上的海内外全方位合作；中国出版集团和河南出版集团战略合作，孕育新的商机；著作权保护引关注，若干条例出台；“黄金书”被叫停，引来群众叫好。本文将从这十个方面，解析2006年中国出版的变化。

一、订货会新亮点

由中国出版工作者协会、中国书刊发行业协会主办的2006年北京图书订货会，1月8日在北京国际展览中心正式开幕。内地521家出版社、港澳台145家出版机构及版权代理公司、音像出版和期刊社、出版物批发单位等共821家参展单位携10万余种新书集体在北京国际展览中心亮相。本次展览面积达到了4万多平方米，共设置展位2200多个。

本届订货会在继续邀请海外华文书店参会订货的同时，首次正式邀请港、澳、台地区出版机构参会，成为北京图书订货会历史上第一次真正意义上实现了全国出版界“大团圆”，为其成为全球最大的华文

---

①本文与卞卓舟合作完成

图书盛会迈出了关键的一步。

同时，为了解决普通作者出书难和出版社好稿难寻、稿源不足等现实问题，2006北京图书订货会组委会决定在订货会期间首次增设“全国书稿版权交易会”，为广大作者与出版社、影视动漫制作单位等各类作品使用机构搭建书稿版权交易平台，以此进一步推动优秀作品的广泛传播，促进出版业的繁荣发展，加强作者、著作权人与各类作品使用者的联系。

此外，此次订货会还首次对民营策划和发行公司全面放开，给民营书业展示品牌和寻求合作提供了良好契机。

二、农家书屋

9月14日，国家《“十一五”时期文化发展规划纲要》出台，提出要在“十一五”期间开始建设社会主义新农村的“农家书屋”工程，解决农村文化资源贫乏、文化生活不够丰富的问题。

新闻出版总署落实纲要要求，计划在五年时间内，在我国农村建设20万个有一定规模、有一定影响力的“农家书屋”。国家历来重视“三农”问题，在图书领域里，已陆续开展了“万村书库建设”“送书下乡”“农村图书室建设”“送书进社区”等一系列的活动，这次“农家书屋”的建设可以说是综合各方面已经取得的成绩，把之前的活动列入“农家书屋”项目范畴，将新农村文化建设进一步规范化、普遍化。纲要出台前，全国各省市已相继开展了“农村书屋”的建设活动，纲要出台后，相关活动的力度日益加大并取得了不错的成果，相信五年之后农村文化建设将有可喜的成绩。

三、上海新华传媒上市

2006年10月18日，上海新华传媒股份有限公司成功“借壳上市”，成为我国出版发行企业中第一家A股上市公司。这是我国文化体制改革的一件大事，开创了我国文化企业上市和股权分置改革的先例，在经营规模、经济效益、资金实力、竞争能力、市场价值等方面实现了跨越式发展，理应引起社会各方面的关注，也将在我国传媒出版业内引起强烈的震动。

借壳上市，搭建资本运营平台是新华传媒漂亮的一招棋，让传媒人为之眼前一亮。2006年5月，新华传媒的重组上市拉开序幕。上海新华发行集团有限公司与上市公司华联超市大股东签订协议，上海新华发行集团以现金收购方式受让百联集团有限公司、上海百联集团股份有限公司、上海友谊（集团）有限公司、上海一百（集团）有限公司合计持有的“华联超市”1.18亿股非流通股份，占公司总股本的45.06%。借此，新华发行集团成为“华联超市”的控股股东，公司名称变更为“上海新华传媒股份有限公司”。

新华传媒作为“图书出版发行第一股”于2006年10月在上交所正式挂牌登陆资本市场。新华传媒上市后，增发并购，实现规模整合效益，借助上市公司这个平台，充分发挥资本市场配置资源的功能，加大资本运作的力度，进一步打造和延伸核心业务产业链，实现跨行业发展和进一步的资源整合。上海新华传媒股份有限公司上市成功意义之重大就在这里。它为解放旧有体制对出版业的束缚和限制提供了有效、可行的方案，强化了出版业参与市场竞争的能力。

四、辞书出版准入制

2006年3月10日，新闻出版总署发布了《关于规范图书出版单位辞书出版业务范围的若干规定》。《规定》指出：自5月1日起，出版业务范围中无辞书出版业务，但超范围出版辞书的图书出版单位，一律停止辞书出版、发行业务。已出版的辞书经省、自治区、直辖市新闻出版行政部门和新闻出版总署质量检查为合格的，方可继续发行。正在编辑加工的辞书一律中止，经新闻出版总署批准同意增加辞书出版业务后方可继续出版、发行。有辞书出版业务的图书出版单位，由总署对其进行辞书质量检查。对辞书质量不合格或所出辞书中存在抄袭、剽窃等侵犯著作权行为的出版单位，将视其情节轻重，给予暂停其辞书出版业务两年或直接撤销其辞书出版业务资格的处罚。

面对辞书市场长期鱼龙混杂的状况，出版界一直在呼吁“准入制”的实行。这是政府行政权力介入市场管理的例证之一，突出体现了我国作为社会主义市场经济的特点。社会转型时期，在市场经济尚不具备自身完善机制和能力的时候，选择行政权力对出版辞书实行严格管理恐怕也是必要之举。

五、图书价格战

2006年7月15日，第三极书局开业，推出全场3000种图书8折优惠（据说还有满百返百）等促销活动。同日，近在咫尺的中关村图书大厦也打出了全场7.5折的招牌，并以一个月为期限。8月19日，中关村图书大厦再次宣布，打折将持续到10月15日。9月1日，第三极书局做出回应，全场7.0折，创下北京综合性书店销售价格的最低纪录。当当网随即跟进，爆出了“全场图书6.9折”的超低价。9月20日——非国有书业工作委员会召开《告同业书》说明会，呼吁停止价格战，当当网当日结束6.9折。10月13日——国家新闻出版总署发出通知，要求第三极书局与中关村图书大厦同时于10月15日全面停止价格战。

然而，价格战的硝烟只是暂时停止，几家书店只是选择了其他方式，继续着他们的明争暗斗。这场价格战对行业震动很大，其一，资金薄弱的中小型书店会受到波及；其二，海淀的价格战势必造成西单图书大厦、王府井新华书店的客流向西迁徙，影响北京的图书市场，然后辐射全国；其三，对出版社而言，全国的书店都会向出版社要求以更低的价格进货，只能以提高图书定价来解决问题，所谓的“回馈读者”其实是无意义的。

在这一事件中，比较理性而又积极、活跃的力量，就是中国书刊发行业协会民营书业工委会，即非工委。他们主动介入，寻求解决的办法。但是非工委目前的影响力和约束力还是非常有限的。这场价格战在提醒我们，要尽快培养一个真正有效的行业管理机制，建立由出版社、发行商和书店共同组成的行业协会，加快对图书市场经营活动的立法，完善“定价销售制”，这样，才能使出版行业在市场的博弈中慢慢走向成熟，获得发展的机遇。

六、中小学教材招标

中小学教材和教学参考资料一直在整个图书市场占有半壁江山。对出版业来说，也是一部分从业者的生命线。很久以来，中小学教材的出版与发行，都是在政府指令和计划经济的保护下进行的，是一种垄断性的经营行为。另一方面，也有一些出版社，借图书市场开放获得的一些自由，出版所谓豪华教科书，并通过某些途径推销给广大学生，从而增加了学生们的负担。所以，国家发改委、新闻出版总署、教育部于21世纪初就开始在一些省份试行中小学教材出版发行招投标的办法，在2006年扩大到浙江、江西、山东、广东、广西、四川、云南、陕西，加上原有的福建、安徽和重庆3个试点，共有11个省、市、自治区按照国务院的安排，实行了中小学教材出版发行招投标的办法。从各地媒体的报道来看，这次改革不仅规范了中小学教材的出版秩序，收到了一定的实效，也在一定程度上切实减轻了学生的负担，受到学生和家长的普遍欢迎。

新一轮招标有四个特征：一是招标规模大；二是参与招标的单位实现了“跨区域、跨行业、跨所有制”；三是遵循公开、公平、公正原则；四是招标结果实现了出版和发行环节的分别让利，教材总体价格降低。

出版发行招标对减轻学生经济负担虽起到一定作用，但对于长期以来主要依靠中小学教材的出版发行来取得规模和效益的很多教材出版社以及各省新华书店来说，无疑产生了很大的冲击，大幅度降低了他们的利润空间。招投标的办法，在一定意义上对公共利益和私人利益的矛盾做了一些调解，这与辞书出版准入制的实行，有很多相同或相似之处。但有一点，中小学教材出版发行招投标办法的生命线就在于公正、公平和透明，这是马虎不得的。

七、《中国读本》

6月26日，由辽宁出版集团、贝塔斯曼直接集团、三联书店（香港）有限公司与上海新闻出版发展公司联合主办的“《中国读本》出版发布会”在京举行。

此次《中国读本》海外合作，是国内出版业第一次实现真正意义上的与海外权威出版传媒在图书策划、出版、发行以及宣传等领域的全方位合作。《中国读本》还同时签署了中文繁体版、英文版与德文版出版协议，创造性地实现了中西方的时空、文化和情感对接，也从一个侧面反映出国际上不断升温的“中国热”与中国文化在国际上的巨大影响力。这标志着作为中国第一本“走出去”的“五个一工程”奖获奖图书的海外出版计划进入实质性的市场运作阶段。

著名学者苏叔阳撰写的《中国读本》，全书12章15万字，配以近百幅图片，扼要介绍了中国的自然概貌、民族繁衍、文化形成、发明创造、科技典藏、哲学思想、经济影响、艺术成就、生活习俗等诸多方面的基本知识；同时客观地介绍了新中国成立以来在各个领域取得的辉煌成就。该书也因此成为帮助世界了解中国的一个窗口，成为阐释中国文化的“定本”。到目前为止，该书累计发行已超过1200万册。

与以往单纯的图书版权贸易不同，此次《中国读本》与海外合作，是国内出版业第一次实现真正意义上的与海外权威出版传媒在图书策划、出版、发行以及宣传等领域的全方位合作，具有重大的历史意义，标志着中国出版业成功接轨国际出版业，真正实现“零距离”。

八、战略合作

中国出版集团公司与河南出版集团在郑州正式签署战略合作协议，此举开创了我国出版集团跨地区全方位合作的先河，对于推动和深化文化体制改革具有示范意义。两大出版集团优势互补，实现了以资本为纽带的跨地区整合，是我国出版业打破条块分割、地区封锁的重要进展，有利于建立统一开放、竞争有序的现代出版业市场体系，拓展了我国出版业发展的新思路。

两大出版集团的合作，是以资本为纽带、以资源为基础、以项目为带动、以共赢为目的战略合作，主要在图书报刊、电子音像、新兴媒体、对外合作、版权贸易、渠道建设和出版物物流体系等重点领域开展合作，实现资源共享、优势互补、互利共赢，共同打造出版品牌和市场主体。

中国出版集团公司是国家级大型出版发行机构，资产总额55.70亿元，经营总量为42亿元，具有品牌、出版资源、人才、跨国经营、政策和信息等优势；而河南出版集团在全国出版集团中综合实力位居第三，资产总额51亿元、经营总规模62.8亿元，具有区位、市场、文化资源、资本、比较成本等优势。

九、著作权保护

随着网络文化和信息的传播途径多样化，其间涉及的知识产权诸问题亦令人关注。2006年，国家在这方面着力较多。

4月28日，中国版权局颁布《著作权行政投诉指南》。指南的颁布将有利于指导著作权人及与著作权有关的权利人就侵权行为向行政机关进行投诉，以更好地保护权利人的权益，也是落实我国保护知识产权战略的一项具体行动。

7月1日，《信息网络传播权保护条例》开始施行。条例很好地规定了现行网络上的一些上传、下载及转载行为，它的出台很好地弥补了从前没有专门的法律法规规定互联网上的信息传播的漏洞。

11月9日，国家版权局正式公告卡拉OK经营行业版权使用费标准，目前只在北京、上海、广州等大城市开展试点，根据具体情况逐步推进。公告一经发出就在一些地区娱乐业内引发争议。针对争议，国家版权局管理司于11月27日做出了回应，并表示“维护制度才能双赢”。对卡拉OK经营行业收取版权费是我国保护知识产权道路上的重要一步，体现对著作权人劳动成果的尊重。

12月8日，《最高人民法院关于修改〈最高人民法院关于审理涉及计算机网络著作权纠纷案件适用法律若干问题的解释〉的决定（二）》开始实施。

著作权意识的建立，其实是对个体劳动的肯定，保护世人的创造精神，使信息的传播进入有序的轨道。

十、叫停“黄金书”

不知从何时起，市面上开始流行“黄金书”，种类不下十种，包括黄金版《毛泽东诗词手迹》《孙中山题词手迹》《邓小平》《孙子兵法》等，每套售价均在一两万元以上。据业内人士透露，这些所谓“黄金书”，书页都是工艺金箔制成的，一克黄金可拉成50到60平方米的金箔，照此计算，一部“黄金书”成本只有数百元，而其售价最高却可能达到成本的20倍甚至更多，可见其获利之巨大。

“黄金书”的出现，不仅是个人收藏行为，也为官场腐败提供了便利。有称“黄金书”为“公关书”的，指的都是用“黄金书”作为礼品，贿赂权力部门，搞权钱交易。自2006年5月1日起，禁止图书出版单位出版或与他人合作出版以黄金、白银、珠宝、名贵木材等高档材质为载体或进行豪华包装的奢华类图书；禁止出版物发行单位发行销售此类图书；禁止报纸、期刊等出版物为此类图书做广告。凡违反规定的，一经发现，严肃处理。这个规定显然得到了民意的广泛支持，而且具有非常普遍的群众基础。

2007年出版十大关键词解读①

在我国各项事业突飞猛进、蓬勃发展之际，新闻出版业在这样一个信息高度发达的信息社会里，起到的作用可说与一个国家、一个民族的命运与生活息息相关。在经济全球化以及新技术条件下的时代环境里，中国的新闻出版业观念转变在提速、体制改革在加速。目前，新闻出版体制无论在生产运营还是宏观管理方面都发生了深刻变化，集团化、转企改制、企事分开已成了新闻出版业的关键词，关注民生、大力建设“农家书屋”，提倡可持续发展，引导出版业走出去，加强版权保护，创建有序市场环境等都体现了我国出版业在理念上和操作上的进步和在为社会和谐、文化繁荣、自觉奉献方面的进步。新闻出版业在中国文化产业中，产业链最完整、市场化程度最高、产业特征最突出。仅去年，中国新闻出版行业增加值超过2000亿元人民币，成为中国文化产业中重要的支柱产业。纵观2007年，出版界有十大特点。

一、出版业继续深化转制改革，效果初现

中国的出版改革，是在经济体制改革和文化体制改革的大框架下进行的。从2003年到2007年，国内有100多家出版社实行企业体制的管理，有1000多家报刊也进行企业化、市场化的管理。各个出版社一直把坚持深化改革、加快发展作为工作的着力点，加快整体改革步

①本文与周悦合作完成

伐，尽快建立规范的现代企业制度，完善法人治理结构，强化经营管理创新和出版创新，理顺内部管理体制和运行机制，在改革和创新中实现“又好又快的发展”，努力提升核心竞争力，逐步形成主业突出、特色鲜明、多元并举、良性发展的产业新格局。新闻出版总署原署长柳斌杰在党的十七大后接受采访时表示，改制后的出版发行企业，国有资产年均增值40%以上，经营收入年均增长30%以上，效益较好。

二、出版集团优化调整产业结构

随着出版发行体制改革步伐加快，出版和发行集团的组建和改革将进入新阶段，集团将以战略投资者的姿态优化产业结构、拓展关联产业。辽宁和内蒙古已经实现跨区连锁经营，中国出版集团与河南出版集团也签订了战略合作协议，海南新华书店系统和江苏发行集团达成战略性合作意向，广东新华发行集团股份有限公司和北京出版社出版集团共同组建成立北京广华京版传媒文化有限公司。四川出版集团积极开展对外合作，投资文化产业集团，如投资入股文轩连锁股份有限公司，与四川日报报业集团合作组建了联翔印务公司，与四川期刊集团进行《大众健康报》合作开发项目等，以此推进集团产业规模发展。重庆出版集团与民营合作的股份制经济的发展步伐稳健，发展势头良好，如集团全资子公司书林贸易与民营纸业迪凰公司合作组建的重庆海业实业股份公司，市场份额已位居重庆第一，2007年集团将加强与民营经济的合作，建立长效合作体制。江苏凤凰出版集团已顺利参股两家金融机构，以期将部分产业资本与金融资本相结合，强化后续发展实力。

三、中国出版加大“走出去”力度，版权贸易出现转机

中国出版在国际市场上越来越有影响力。随着在各国“中国文化年”的举办和世界各地“孔子学院”的加速设立，2001年至2006年中国的版权引进和输出项目数量总体呈上升趋势，而输出项目则在2006

年来大大上升。以2005年为例，一年全国共引进图书版权9832种，而输出则只有1434种，仅占引进总量的14.6%左右。2006年则是引进10,950种，输出2050种，输出和引进的比例大致是5.3：1，过去一直是10：1，现在情况大为改观。2007年的北京国际图书博览会、法兰克福书展，特别是在俄罗斯举办的“中国年”莫斯科书展主宾国活动，力争在2006年的基础上版权输出有更大突破。各出版集团都将加大“走出去”步伐。如，湖南出版集团以国际化视野积极开拓海外市场，积极尝试向海外华语市场有针对性地出版发行外语图书，利用集团的成本优势，探索在中国编辑出版外语图书，面向海外市场发行的新型模式，力求直接进入海外主流市场。河北出版集团将调整“走出去”发展思路，突出重点，逐步改变“输出”和“引进”比例结构。

2007年的莫斯科国际书展，中国以主宾国身份参展，实现了历史性突破，输出版权800多项，中国的图书受到了高度的评价和欢迎。俄罗斯第一副总理在致辞中评价说，中国已当之无愧地成为第一出版大国。在2007年10月举行的法兰克福书展上，中国出版又大放光彩，输出版权1900多项，外媒给予了很好的评价。中国出版业正在走向国际，通过参与国际市场竞争，我们也积极吸收其他国家文明成果，同时向世界传播中国文化。

四、民营出版与文化工作室的进一步发展面临瓶颈

目前，中国大陆地区的民营出版公司和文化工作室已经达到相当的规模，据《2007年：中国文化产业发展报告》指出：国内40%的畅销书的策划出版已经转向了总数达到近4000家的民营工作室，50%左右的发行渠道实际上已经是民营发行机构的天下，其中一些颇具规模的民营发行商实际上已将出版社变成了自己的编辑部。近年来，国有出版机构依旧在行政性垄断的特权保护下运营，越来越“有名无实”，民营书业在市场中发展壮大，却又不能“名正言顺”。如作为出版大省的湖南，其出版物中民营印刷企业所占比例达到90%，民营包装印刷和书报刊发行企业所占比例达到97%。民营发行业发展迅速，2005年完成销售收入23亿元，占全省出版物发行业销售收入的44%，涌现了天舟、弘道、万卷等一批上规模的企业。长沙定王台图书交易会至今已举办12届，由当初的地方性、区域性民营书业订货会发展成为在全国有影响的大型图书交易会，被业界称为“全国四大书市之一”。民营出版和文化工作室越来越需要得到进一步发展的“许可证”。

五、高校出版单位体制改革进入实质性阶段

2007年6月，教育部和新闻出版总署制订了《高等学校出版体制改革工作实施方案》，明确了北京大学出版社等18家出版单位作为首批转企改制试点，并将分三批全部完成转企改制工作，要求各单位认真制订所属高校出版单位的改革方案，精心组织实施，积极稳妥地推进改革试点工作。《实施方案》针对改革的步骤提出了“先行试点”“总结经验，扩大试点”“全面推开”的“三步走”方针，并配以“税收减免”“明确上缴利润”“自主用人”“优先分配资源”四项政策，对大学社改制工作予以切实推进。

教育部和新闻出版总署于2007年9月2日至4日在北京联合召开了第六次全国高校出版社工作会议，会上确立了“十一五”时期高校出版社的发展目标和主要任务。大学出版社改制，“只有路线图，没有时间表”。不过，没有时间表并不意味着可以不改或放下脚步缓改。新闻出版总署计划于年底完成所有18家试点大学社的改革工作，同时积极推动具备条件但未列入试点的大学社参与进来，逐步完成转企改制。目前，已经列入首批改制试点单位的高校出版社，在焦急地等待主管部门对改制方案的批复。毕竟，作为改制重要措施的、针对文化体制改革试点单位的税收优惠政策，即将于明年到期，尽管一系列的政策还需要尽快落实，尽管还面临众多实际操作问题，但各个大学及出版社对加快改制的必要性已经有了更充分的认识，在如何落实体制设计具体层面，在与其他各大高校出版社的讨论和商议中也较快地拿出了改制方案。

六、出版产业链发生变化——“草根作者＋策划人＋互联网＋读者”，形成了新的产业链和价值链

随着网络的不断发展，旧的出版产业链已悄然发生变化，多数出版商并不真正拥有内容资源优势，出版商只是内容的整理者和加工者，是内容产业的经营者之一。他们只需要到著名的原创网站上寻找受到读者欢迎的内容和作者，加上一点策划的思路和营销宣传策略，就可以将“草根作者”造就成文学新星。今何在、当年明月、十年砍柴等网络写手已经成为家喻户晓的作者。随着一些原创网络文学的网站渐渐壮大，民间作者的群体也开始日益壮大。据《南方日报》不完全统计，有近十万草根写手笔耕互联网，起点中文网、幻剑书盟等几家大的文学网站大概就吸引了接近十万的作者以及近千万的读者。一些文学作品已经成为各大出版社重要的稿源，《诛仙》《小兵传奇》《和空姐同居的日子》《鬼吹灯》《明朝那些事儿》等书都成为畅销书榜单上的明星。新媒体时代造就了一人一媒体，未来有可能形成所有人向所有人传播和全民出版的新局面。

七、多种新媒体出版形式蓬勃发展

2007年7月16日至19日，新闻出版总署（国家版权局）主办、中国出版科学研究所承办了第二届中国数字出版博览会。新闻发布会上发布了《2005—2006中国数字出版产业年度报告》，这是我国第一部关于数字出版产业的年度报告。据报告提供的数据，到2006年年底，我国数字出版产业整体收入近200亿元。其中，网络广告收入达49亿元；互联网期刊收入将达5亿元；电子图书（E-Book）收入达1.5亿元；网络游戏收入达65亿元；在手机出版方面，到2006年年底，仅手机彩铃、手机铃声、手机游戏、手机动漫的收入达80亿元。

在电子图书方面，《2005—2006中国数字出版产业年度报告》指出，截至2005年12月31日，中国电子图书的数量达到了21万余种，这个数据已经超过美国电子图书品种的总和，成为世界第一。然而这些图书创造的产值仅为1.5亿元，还不到我国数字出版产业整体收入200亿元的1%，这使得电子书市场的领军者——方正、超星、中文在线和书生"电子书四强"纷纷应变自保。出版界认识到：原版原式的电子书绝不等同于数字出版。目前，数字出版已经丰富为条目式数据库、手机书（移动阅读）、POD和多媒体电子书等诸多形态。

在网络杂志发展方面，据《2007中国网络杂志出版业调查报告》预测，未来4年，网络杂志出版市场将从1亿元增加到12亿元。报告称，2006年网络互动杂志备受瞩目，用户数量急剧增加，截至2007年年底有用户4000万，占网民总数的30%。预计2008年以后网络杂志出版将进入成熟阶段，到2010年网络杂志用户数量将突破一亿。三大数字杂志平台Zcom、Digibook、Xplus占据国内网络杂志百分之九十以上的份额。

随着新媒体技术的进一步发展，博客、手机媒体、RSS等许多新兴媒体本身就是出版的多媒体形式。2002年，博客的概念被引入中国并得到快速发展；2005年，博客得到规模性增长；2006年，网民注册的博客空间更是超过3300万个。"博客"已然成为互联网上最大的热点应用之一。根据CNNIC的《2006年中国博客调查报告》，截至2006年8月底，中国的博客作者达到1748.5万人，其中活跃博客作者769.4万；博客空间量达到3374.7万个，人均注册博客空间1.93个。

传统的出版社也不甘落后，找到了一些数字出版之路，如商务印书馆和上海世界出版集团都推出了工具书网络版；社会科学文献出版社推出了一套SSDB数据库产品，实现了"皮书"的数字化；高等教育出版社建立起立体化教材资源库，每一个资源库都有和这个体系相配套的学科网站。

需要看到的是，数字出版在我国仍然属于起步阶段，存在的问题和阻力仍然不少：传统出版单位内部信息化程度比较低、数字出版技术和产品因没有良好的渠道而“待字闺中”、数字出版行业标准滞后、数字出版管理格式及版权保护等技术问题还没有完全解决等等。

八、出版发行上市，借资本市场发展大文化产业

时任总书记的胡锦涛在十七大报告中提出要“推动社会主义文化大发展大繁荣”。市场普遍将此解读为中国政府将进一步放开新闻出版资本市场的强烈信号。出版业有望在中国传媒市场化改革中率先实现突破；虽然新闻出版企业整体上市目前仍然处于试点阶段，但是进一步开放市场、加大改革力度，已不可逆转。继2006年10月17日新华传媒上市之后，全国7个文化体制改革试点单位之一的四川新华文轩在2007年5月30日作为国内首家书店股登陆港交所，目前全国在A股和H股市场上市的报业、发行企业包括北京赛迪传媒投资股份有限公司、上海新华传媒股份有限公司和成都博瑞传播股份有限公司、北青传媒股份有限公司、四川新华文轩连锁股份有限公司等等。

辽宁出版集团公司虽然尚未挂牌上市，但是将很快上市。这将是中国大陆第一家上市的出版企业。以前考虑把集团的经营性部分剥离出来上市，现在辽宁出版集团公司不再剥离，实行整体上市。此次计划上市的辽宁出版传媒股份有限公司是辽宁出版集团资产的最优质部分，包括集中了集团全部教材出版业务的辽海出版社、辽宁美术出版社，辽宁科学技术出版社、万卷出版公司（原辽宁画报出版社）、辽宁电子出版社，辽宁音像出版社和集团所有的印刷、发行、零售业务。不过，承担了一定政策性出版任务的辽宁人民出版社、辽宁教育出版社、春风文艺出版社、辽宁少年儿童出版社和辽宁民族出版社暂时没有纳入上市范畴。

九、图书销售市场上传统文化与金融理财类图书持续升温

2006年图书市场上由中央电视台“百家讲坛”栏目联动图书所引发的传统文化图书热继续烧到了2007年。刘心武、于丹、易中天等学者掀起的《红楼梦》《论语》《三国》热潮在2007年传统文化类图书中果然占据了相当大的比重。除了在本国销量持续攀升之外，中国传统特色的“学术文化”类图书更是在近期“走出国门，走向世界”——上海文艺出版社出版的易中天《品三国》及其“品读中国”系列已在韩国上市并开始热销，同时，《品三国》的日、泰、越版本已成功输出，英文版输出正加紧进行。《品三国》版权输出的成功完成了一次“投石问路”，为中国传统文化的“走出去”提供了更大的空间；《于丹〈庄子〉心得》也已经由韩国三星出版社购买了韩国版权；《孟宪实讲唐史》《正说清朝十二帝》也都输出至韩国及我国台湾、香港地区。

财经图书一直是盛产畅销书和新理念的图书领域。过去的财经图书市场上，最畅销的还是管理理念、成功励志和企业（家）传记类图书，但是在过去一年，金融理财类图书明显占据了上风。2007年中国经济发展又上新台阶，基金投资热和股市的高涨，催生了百姓投资理财的旺盛需求。到2007年6月底A股开户数达到9389.8万。2007年9月4日新发基金的有效认购户数表明，时有中国基金业存量基民数已经突破5000万大关，达到了5268.2万。“股民”和“基民”数量的迅速增长，提升了人们对金融市场及理财相关图书的关注。北京开卷公司根据每月畅销书的调查数据，初步整理出2007年最畅销财经图书的书单，《炒股就这几招》昂居榜首。在排名靠前的17位中，关于股市和基金的就有《炒股就这几招》《中国新股民必读全书》《中国股神：林园炒股秘籍》《中国新基民必读全书》《要做股市赢家：杨百万股经奉献》和《股市操练大全》六本。财经领域的人士更愿意谈论经典

书，也就是引进版图书。几十年前国外畅销的，权威的著作到现在才到中国人的手上，极度的渴望和期待刺激了这类图书的销量。畅销书榜上的《卓有成效的管理者》属于这一类。现代管理学之父彼得·德鲁克不同时段完成的著作，在这两年间，就被重新包装出二十余本简体中文版。

十、编辑出版专业教育日益提升、呈现出扩大再生产状态，但出版专业人才培养与人才需求出现了某些脱节

目前，全国高校编辑出版专业办学历史超过20年的有11所。全国编辑出版专业硕士学位授予点有29个，博士学位授予点7个。据2006年中国出版年鉴资料显示，目前全国有251所院校开设了本专科层次的编辑、出版、印刷相关专业。以每个院校每届招收50人计算，每年的毕业生人数就是1.25万人。

办学规模的扩大导致近年来“编辑出版学”要求从学科谱系中上升独立为一级学科的呼声日益高涨。2006年全国政协十届四次会议期间，桂晓风、高明光等委员曾经联合提交提案，建议将编辑学或编辑出版学列入研究生学科专业目录（以下简称“目录”），并定为一级学科。国务院学位委员会对提案十分重视，及时答复，表示将在修订“目录”时考虑这一建议。近期，“目录”修订工作已经启动，并已开始就一级学科和学科门类设置进行调研。为此，桂晓风、高明光等委员在2007年3月召开的全国政协第十届五次会议期间再次提交提案，并补充了理由，提出将编辑学列入“目录”，是继承和弘扬中华文明和中国革命优良传统的需要，是实现中华文化伟大复兴的需要，有利于使教学更好地适应编辑工作对人才的特殊要求并且已经有了较好的教学实践基础和学科建设的必要条件。

一方面出版专业在不断扩招，另一方面该专业的毕业生就业却遭到出版单位的冷遇。就国内现状来说，目前出版业不缺人，编、印、发三大环节普遍人员过剩。但是，出版界又确实缺人。缺乏优秀的出版人才。《2005—2010年全国新闻出版人才培养规划》指出，出版业现有人才的年龄结构、学历结构和知识结构等方面都严重不合理，综合素质亟待普遍提高，整个人才队伍的结构也存在着明显的不合理现象。领军人物不足、专业骨干流失、经营人才奇缺、新老人才青黄不接、结构比例失调（大都是中文、历史、新闻专业的），不懂现代传媒新的传播手段和技术，编辑的知识领域不宽、市场应变能力不强等问题普遍存在。出版社亟须要“复合型人才”和“高端型人才”。

2008年出版十大关键词解读①

2008年对于中国而言是大悲大喜、迎难奋进、感动世界的一年，对于中国出版业而言也是浓墨重彩、值得认真总结回顾的一年。这一年，紧扣2008社会脉搏的重大选题图书及时出版；海峡两岸书业交流20年成果丰厚；安徽出版集团在2008年的集团上市进程中一枝独秀；中国出版最高奖项出版政府奖成功颁布；手机出版等数字出版形式日益成熟；版权贸易稳步发展，国际书展彰显中国出版魅力；农家书屋计划的实施走向规范化、制度化；出版教育进一步与产业需求相结合；民营书业踊跃参与公益事业；发行业改革进入跨地区联合重组阶段。纵观2008年，我们提出十个“2008出版关键词”，尝试解读中国出版业在诸多方面呈现出的发展特点与趋势。

一、2008特色选题

回望2008年，完美的北京奥运向世人展现了中国人的智慧与激情；“神七”遨游太空的壮举使千年飞天梦想成为现实；中华民族以坚忍不拔的英勇气概战胜冰冻灾害、以众志成城的民族精神携手抗震救灾；改革开放的伟大探索进入第30个年头；金融风暴的袭击为我们的前进道路敲响了警钟……

这一年里，我们共同经历了这些刻骨铭心的大难、大悲、大爱、大喜，每个人感同身受。而我们的出版物，如实地记录了这些难忘的

①本文与卞卓舟合作完成

人和事；我们的出版人，用特有的热情向世人传递了一种自强不息的民族精神。

2008年春天，发生在中国南方数省的重大冰雪之灾尚未完全退去，出版界很快便有了“迅速反应”。上海辞书出版社推出的《风雪回家路：雪灾中的媒体责任与作为》、中国书籍出版社组织编写的《雪灾中闪烁的人性：99个感人故事》等图书从不同角度对雪灾和全民赈灾献爱心进行了记录和弘扬。

汶川地震发生后，在新闻出版总署紧密安排下，中国出版集团中国大百科全书出版社连夜编写出版了《抗震救灾自助手册》。其他各家出版社亦有多部反映抗震事迹的图书出版。新世界出版社在京出版发行的《大爱无疆——我们和汶川在一起》全景式放映大地震的灾难场景，讴歌浴血灾区一线英雄们的事迹，再现塌陷的川北大地和中华儿女共同抗震救灾的史诗画卷。外文出版社推出的中英文画册《汶川！汶川！强震凝聚中国》在2008年美国书展中吸引了众多参观者的目光。

随着2008年奥运会的胜利召开，出版界在奥运图书出版方面取得了骄人战绩。在众多出版机构中，北京出版社出版集团奥运图书的出版规模最大，先后出版了70多种图文并茂、丰富多彩的奥运读物。它与兰登书屋合作、策划出版的《Fodor’s Beijing 2008 Olympic Edition》（《北京2008奥运旅游指南》）等书籍都收到了良好的社会反馈。外语教学与研究出版社在外语出版领域独占鳌头，出版了大量奥运英语类图书，包括《同一个世界·英语100句》等。

2008年还是我国改革开放30周年，中国图书出版界用出版物的形式记录并回顾了30年的发展。2008年5月，新闻出版总署还对“纪念改革开放30周年百种重点图书选题”进行了公示，并且组织发行部门进行展示展销，扩大社会影响力。中宣部和新闻出版总署推出的“强国之路——纪念改革开放30周年重点书系”、中国大百科全书出版社的“纪念改革开放30周年丛书”、中信出版社推出的《激荡三十年——中国企业1978—2008》、人民出版社的《回首1978：历史在这里转折》、人民文学出版社推出的“改革开放30周年原创精品文学书系”等都是其中精品。

二、海峡两岸书业交流

1988年10月，台湾出版人员克服重重困难，绕道来到上海，首次公开举办了“海峡两岸图书展览”，在两岸隔绝40年后，开启了两岸出版交流的大门。2008年，适逢海峡两岸书业交流20年纪念。9月20日至23日，由中国出版工作者协会和台湾图书出版事业协会牵头主办的“纪念海峡两岸出版交流20年系列活动”在台北召开。这是两岸出版交流20年来规模最大的一次交流活动，为两岸出版交流留下阶段性记录，也为历史留下见证。

20年来，两岸出版业的交流与合作已很深远，并取得了显著成效。台湾现在是大陆版权贸易的重要伙伴，大陆引进和输出海外版权，台湾都占据重要位置。2007年，大陆从台湾引进版权892种，对台湾输出版权630种[①]。

随着两岸出版业沟通交流的深入，两岸出版人共同建立了许多富有成效的对话平台，从1988年在上海的“海峡两岸图书展览”，1993年在北京的“台湾图书展览”，1994年在台北的“大陆图书展览”，到双方共同参与的各类图书博览会、图书订货会、书市、大陆书展、图书交易会等大规模活动，逐渐拓展了交流的范围。出版合作与洽谈工作也不间断地展开，如1989年开始的“两岸合作出版洽谈会”，成功地推动了两岸版权贸易与合作出版。各类学术会议也发挥了重要作用，从最初的“华文出版联谊会议”，到更具影响力的“海峡两岸出版研讨会”，乃至近年来新兴的两岸学术研讨会，如北京大学新闻与传播

① 经过20年积累，两岸出版合作交流不断取得新进展 [N]. 新华社，2008年9月21日

学院与台湾南华大学连续四年合作举办的“华文出版论坛”，又联合河北大学参加主办，范围不断扩大，都成为了两岸出版业界与学界共同的盛会。

2008年，两岸互动关系更加密切，在文化、贸易、旅游等方面也出现了一些更加开放、友好的政策举措，这为两岸业界提供了深入交流的良好契机。尤其在12月15日，两岸之间的海运直航、空运直航、直接通邮“大三通”正式启动，使我们有理由相信，海峡两岸书业交流将迎来更为光明的发展前景。

三、集团上市

2007年12月21日，首家出版传媒股——辽宁出版集团上市引起巨大轰动。此前一个月，国家新闻出版总署副署长孙寿山在出席第二届国际文博会时曾经表示，预计将有13家改制后的出版单位在2008年内上市[①]。然而截至2008年末，沪深股市年内只增加了1支传媒公司股票。在湖南出版集团、安徽出版集团、江西出版集团、江苏凤凰出版传媒集团等13家经过改制发出上市信号的出版发行企业中，只有安徽出版集团借壳科大创新（现名时代出版）获得批准。这是中国股市迎来的第二家出版业上市公司，国内新闻出版领域主业真正意义整体上市的第一家，也是2008年唯一一只经核准上市的出版类股票。

而在其他几大出版集团中，江苏凤凰出版集团因重组资产质量受到小股东质疑，而被网络投票否决；湖北日报传媒集团也因重组条件不成熟而宣告失败。此外，江西出版集团、重庆出版集团、中国出版集团、甘肃省读者出版集团的上市仍在谋划运作之中。中国出版集团则于2008年4月在北京正式挂牌成立中国出版集团数字传媒有限公司，预计将在两三年内完成上市。

---

①新闻出版总署：13家改制后的出版单位一年内上市［N］，中国证券报，2007年11月16日

安徽时代出版传媒逆势飞扬，立足于做“国内新闻出版领域主业真正意义整体上市的第一家”，终获资本青睐。辽宁出版传媒虽是国内首家将编辑业务与经营业务打包上市的出版企业，但2007年年末上市时，辽宁出版集团旗下11家出版社只有5家被置入上市公司，而安徽出版集团则向科大创新注入了旗下包括出版印刷在内的所属13家公司的100%股权，所有出版有关资产全部进入了上市公司①，形成了“整体上市”的概念。

对于其他出版集团为何不能顺利上市，一方面可能的原因是由于股民对股市信心不足，造成主管部门暂时不会大规模地批准上市公司，以免影响现有市场的状况；另一方面是因为一些企业以募集资金为上市主要目的，但是目前上市很难即刻达到这样的目的，因此需要等待时机。而部分业内人士同时也认为，包括报业在内的新闻出版集团在当下改革中有不少自身存在的问题和难点，比如核心管理层的持股，决策与激励机制的设定以及上市步调与安排等。

四、出版政府奖

全国性的出版评奖活动在检验我国图书出版成果，鼓励创新、繁荣文化等方面，一直功不可没。中国新闻出版总署依据2005年《全国性文艺新闻出版评奖管理办法》，把原有的22个全国性出版评奖活动整合为“中国出版政府奖”，下设6个子项奖。作为出版界的最高奖，中国出版政府奖的权威性强、含金量高，被认为代表着国家的文化水平。

首届中国出版政府奖所评选的出版物是2003年1月1日至2006年12月31日期间出版并公开发行的出版物。首届中国出版政府奖已于2008年2月27日在京举行了颁奖仪式。该奖共评选出奖励数额200

①多家搁浅　时代出版成为本年度唯一上市出版股［EB/OL］. 中国网，2008年11月28日，http://www.china.com.cn/book/txt/2008-11/28/content_16868392.htm

个，其中100个出版物奖、50个先进出版单位奖和50个优秀出版人物奖[①]。

获得图书奖的优秀出版物种类多样，评选出了一批能够填补国内空白领域的优秀图书，如人民文学出版社的《长征》、上海科学技术出版社的《超级杂交稻研究》等。音像制品、电子出版物、网络出版物奖以及印刷复制奖、装帧设计奖等奖项则体现了鲜明的时代特征，如人民教育电子音像出版社的《盛世钟韵》、北京大学出版社的《曹雪芹扎燕风筝图谱考工志》等。获奖的先进出版单位有传媒集团、出版集团、发行集团、杂志社、音像电子和网络出版单位、印刷复制单位、书城、书业和文化市场的执法单位，这些单位涵盖了整个大文化的广阔领域，如四川新华文轩连锁股份有限公司、解放军出版社、商务印书馆和辽宁出版传媒股份有限公司等。优秀出版人物中既有长期工作在一线的普通编辑，也有带领出版单位奋发进取的领头人，如岳麓书社编辑唐浩明、接力出版社总编辑白冰、湖南天舟文化有限公司董事长肖志鸿等。

如何找到社会影响和市场期待的契合点，真正用中国出版政府奖来推动中国图书出版业的良性发展，引起了广泛的关注。一些业内人士认为，政府应该加大政府奖的宣传力度，提升全民阅读的气氛，促进获奖作品的销售和推广。而对于出版业而言，出版政府奖也带来了一种启示，即明确提倡原创和创新，这将是出版业发展的主流。许多获奖的出版人表示，荣誉是出版产业的“助推剂”，继续推出精品、坚持文化产业创新、深化体制机制改革，任重而道远。

①首届中国出版政府奖体现权威性先进性［N］. 中国图书商报，2008年7月15日

五、数字出版

随着数字出版技术和互联网应用水平的提高，我国的数字出版产业开始进入一个高速发展期。我国的网民数量也于2008年中达到了2.53亿人，居世界首位。

国民网络使用习惯的形成和数字化阅读方式的普及是数字出版发展的基础。2008年《全国网民阅读与购买出版物状况调查报告》的结果显示，近9成的网民已经形成网络阅读习惯，其中读过电子书的网民超过9成，20到30岁之间的网民是阅读电子书最活跃的群体。2/3的网民有过手机阅读行为，1/3的网民通过网络买过出版物①。

在此背景下，我国数字出版产业发展成效显著。2008年10月19日开幕的"2008中国数字出版年会"中，发布了中国出版科学研究所《2007—2008中国数字出版产业年度报告》。报告显示，2007年，我国数字出版产业整体收入超过360亿元，比2006年的200亿元增长了80%。报告预计，到2008年年底，我国数字出版产业的整体收入规模将达到530亿元，比2006年增长149.13%，比2007年增长46.42%②。

在数字出版的各个板块中，手机出版（含手机彩铃、手机铃声、手机游戏、手机动漫）对产值贡献最大，达到150亿元，极有可能成为数字出版下一个拐点。由于移动通讯本身成熟的收费模式，手机出版收入水平不断高速攀升。当然，移动公司过于强大的垄断地位及其直接涉足内容生产的做法很可能会对数字出版产业形成威胁。

传统的出版社也不甘落后，纷纷拓展网络业务。在2008年10月23日召开的"全国出版业网站年会"上，出版社网站建设成为传统出

①首届全国网民阅读与购买出版物状况调查［EB/OL］．2008年12月10日，http://www.chuban.cc/gw/200812/t20081210-41690.html

②中国出版科学研究所．2007—2008中国数字出版产业年度报告［EB/OL］．中国网，2008年10月20日，http://www.china.com.cn/book/txt/2008-10/20/content-16636961.htm

版人士共同关注的议题。会上发布的《2008年出版业网站发展创新报告》显示，截至2008年6月份，全国578家出版社的建站率接近80%[①]。报告指出，出版社网站创新模式日益多样化，如高教出版社网站形成了立体化的教材体系、知识产权出版社建立了专利信息服务平台、人民军医出版社采用在线翻书系统展现图书、电子工业出版社的华信资源网实现了专业数据库销售、人民教育出版社提供在线课堂，外研社与诺基亚、中国移动合作推出英语学习播客、开展增值服务等。

2008年7月16日，我国第一个国家级数字出版基地——张江国家数字出版基地应运而生，实现新闻出版总署与上海市数字出版和版权的全面战略合作。双方今后将在国家重大数字出版工程建设、数字出版基地建设、数字出版人才培养、数字出版国际合作交流平台打造、实物和数字形态的中国出版博物馆建设、上海版权公共服务平台建设等六个重点领域开展合作。

虽然我国数字出版已经有了很大的突破，但是仍然存在许多问题。传统出版界对数字出版的观望态度、出版单位信息资源知识库的增值性无法开发、数字出版行业标准滞后、数字出版的技术人才和管理人才稀缺，都阻碍了我国数字出版的进程。

六、出版“走出去”

随着国际交流合作的扩大和相关扶持政策的出台，出版业“走出去”的步伐正在加快。通过分析2001年至2007年中国的版权引进和输出项目的总量的走势，我们看到，引进项目总体呈平稳上升趋势，而输出项目则在近几年来大大上升。2007年全国共引进图书版权10，255种，输出出版物版权2571种[②]。虽然版权引进与输出的比例仍然约为3.99：1，处于贸易逆差状态，但是同以往的10：1相比，已经有了极

①郝振省．2008年出版业网站发展创新报告［R］．2008年12月
②新闻出版总署．2007年全国新闻出版业基本情况报告［R］．2008年07月

大的改观，与2006年的5.34：1相比也是不小的突破。

2001年至2007年中国图书版权引进和输出项目总量

年代	引进图书版权(项)	输出图书版权(项)	贸易逆差(项)	引进/输出
2001	8250	653	7597	12.63:1
2002	10,235	1317	8918	7.77:1
2003	12,516	811	11,705	15.43:1
2004	10,040	1314	8726	7.64:1
2005	9382	1434	7948	6.54:1
2006	10,950	2050	8900	5.34:1
2007	10,255	2571	7684	3.99:1

国际书展更是成为展示中国出版风采的舞台。2008年9月1日开幕的第15届北京国际图书博览会移师天津，吸引了50个国家和地区的1300家展商前来。2008年的法兰克福书展期间，中国输出版权超过1000项，总金额达3700万美元，引进版权600多项，总金额超过60万美元，版权输出贸易总额比2007年有显著增长[①]。2008年5月31日，中国确定成为法兰克福这个世界最大书展的“2009年主宾国”，这将成为中国出版走向世界的非常重要的一步。

随着中外出版合作的不断加深，我国一些颇具实力的出版单位和国际著名出版机构建立了战略合作伙伴关系。如外研社和麦克米伦公司在高等英语教材、科学出版和对外汉语出版等多个领域的全面合作。中国出版集团所属商务印书馆与哈佛商学院出版公司合作出版的如《蓝海战略》等经管图书。北京大学出版社与荷兰布里尔出版社、

①刘超．2008法兰克福书展　浓缩60年风采［N]．出版商务周报，2008年10月26日

吉林出版集团与美国哈珀·柯林斯出版集团、安徽出版集团与英国培生教育出版集团等都已达成战略合作协议。

然而我们也应该看到，中国出版在“走出去”的过程中，也并非一帆风顺。8月30日，“2008北京国际出版论坛”就我国出版国际化问题展开了讨论。专家指出，版权贸易在我国还不是一个强势行业，也尚未建立成熟、完善的发展渠道；版权贸易还存在数量少、质量低、贸易模式非正规化等问题，仍然需要政府和各界人士的扶持。

七、民营书业

2008年对民营书业来说是相对比较困难的一年。由于民营书业在发展过程中一直存在缺少资金的弱点，又加上这一年中发生的一系列事件，比如，纸价的攀升造成企业成本的增加，缺少周转资金则很容易造成资金链的断裂；又如，北京奥运会分散了公众的注意力，图书销售会受到一定影响，从而影响企业的资金回流。这些影响企业资金链的因素，对民营书业企业的发展产生一定程度的制约。有学者曾经预测，2008年民营图书市场整体可能会有所萎缩，新书品种将减少20%到30%，发行册数将减少10%以上，策划产品出版码洋将减少5%到10%[①]。一度使新华书店的地位受到动摇的民营书店在2008年更是遭遇了较大冲击，以杭州为例，曾经风靡一时的江郎书店、三联书店等不堪重负，纷纷倒闭。

2008年，民营书业面临着自身发展的重重考验，却依然在危急时刻体现出了高度的社会责任感。5·12地震发生后，民营书业积极参与公益行动，为灾区孩子们的生活和学习送去了温暖。如山东世纪天鸿书业有限公司向北川中学捐赠了300万元高中学生全套用书。北京全品教育科技中心免费向汶川、北川、都江堰等受灾严重的40个市、

①2008年民营书业调整，呈现五大走向 [N]. 中国图书商报，2008年4月18日

县、区的所有高中学校捐献折合人民币约360万元的高考辅导用书[①]。

其中，由非国有书业工作委员会、南都公益基金会、北京天下溪教育中心、奕阳教育研究所和出版商务周报等组织联合发起的“千秋助读行动”产生了较大的社会影响力。截至2008年10月中旬，“千秋助读行动”已经为灾区捐赠了400多万元的物资，并且进行志愿者培训和图书中盘服务。地震发生后的短短20天内，他们就已收集了近6万本图书运往灾区，建立了30多个图书馆。而他们的目标，是在2009年儿童节之前，完成150个图书馆的建设任务。

2008年，同时也是民营书业寻求发展新道路的一年。我们认为，2008年的民营书业发展的一个关键性突破，就是开始了“合作共赢”的探索。

12月2日，中国出版科学研究所与金星国际教育集团签署战略合作协议，在该集团建立首家中国民营书业研究基地。新闻出版总署有关人士表示，国家科研机构和民营文化公司携手合作，实现了生产经营管理与行业科研的整合，是民营书业发展史上一个新的里程碑。时任中国出版科学研究所的所长郝振省表示，考虑到民营书业之间的差异性大，广东学而优民营书店和一两家民营数字技术公司也很有可能作为首批研究基地，陆续挂牌建立[②]。

国有与民营的合作也是大势所趋，不少出版集团也在与民营公司就未来结构、战略、资源进行谈判，而不只是过去简单的书号合作。辽宁出版传媒股份有限公司全资子公司万卷出版有限责任公司就在2008年分别与知名出版策划人路金波、李克成立了合资经营的辽宁万榕书业发展有限责任公司和智品书业（北京）有限公司。

①全国发行界义举赈灾 [N]. 中国图书商报，2008年5月27日

②首家中国民营书业研究基地建成 [EB/OL]. 中国新闻出版网，2008年12月5日，http://www.xwcbj.gd.gov.cn/news/html/jqyw/article/1228428696669.html

民营企业之间的合作发挥了优势互补的作用。例如，福建鹭江出版社控股的北京时代飞鹭文化传播有限公司整合了合作伙伴北京时代光华图书有限公司的全国发行渠道、机场渠道、企业培训渠道等优势资源。

八、农家书屋

被纳入《国家“十一五”时期文化发展规划纲要》的农家书屋计划，在进行了2007年的正式实施后，于2008年进入了进一步规范和普及的局面。

新闻出版总署8月正式出台了《农家书屋工程建设管理暂行办法》，并与财政部共同制定下发了《农家书屋工程专项资金管理暂行办法》。前者对农家书屋工程实施部门及职责、建设标准与要求、实施计划申报与制定、社会捐赠管理、出版物选配、农家书屋管理、验收与检查等做了详细规定；后者则对预算制定、资金的申请、管理和使用都做了详细的规定。新闻出版总署还于2008年8月发布了《农家书屋必备出版物目录》，经过专家评审确立了包括100种图书，11种报刊和20种音像制品、电子出版物在内的“农家书屋必备出版物目录”。几项办法的出台和出版物目录的发布，为农家书屋计划的建设和管理提供了依据和指导，确保了农家书屋的资金和资源能够用到实处，同时也保障了出版物的质量和数量。

2008年，农家书屋计划在全国范围内进一步推进。作为最早发起农家书屋工程的甘肃省，现在已经初具规模。截至2007年年底，甘肃省14个市（州）已建成560个农家书屋，累计投入资金达320多万元[①]。北京市将2005年制定的“益民书屋”建设规划与农家书屋工程合并实施，于2008年完成了927家“益民书屋”的建设工作，其中农

①数据来源：中国农家书屋网，http://www.zgnjsw.gov.cn/

家书屋达到754家，并初步建立起覆盖全市的书屋网络体系[①]。广西壮族自治区突出“建、管、用”相结合，目前已建成和在建的“农家书屋”共计890家，覆盖农村人口约200万，在一定程度上解决了部分农民看书难、买书难的问题[②]。截至2008年6月30日，江苏省新建农家书屋1610个，并在年内实现了农家书屋行政村全覆盖[③]。

九、出版教育

出版教育一直是在不断调整思路中曲折发展。如何应对全球化的到来、新技术和新媒体的普及以及出版产业的加速变革，如何将出版教育与产业需求较好地结合起来，一直是出版教育界人士关注的话题。中国出版科学研究所、北京大学、武汉大学、河南大学、北京印刷学院都把编辑出版学学科建设作为研究课题。

近年来，高校出版专业的办学规模逐渐扩大、办学层次逐步提高。据河南大学李建伟教授最新调查显示：目前全国设置编辑出版学专业和开设编辑出版学课程的高校有216所[④]。据南京大学张志强教授调查，截至2008年9月，我国共有47所高校在54个办学点招收编辑出版学或类似专业硕士研究生，7所高校在8个办学点招收编辑出版学博士研究生。同时，高校出版教育教学的资源日益改善、师资力量不断壮大。北京大学、人民大学、南京大学、陕西师范大学等一些高校相继成立研究机构，承担出版科研任务，如北京大学现代出版研究所和中国出版科学研究所合作开展了“以出版创新提高中国软实力”等课题研究。

---

①北京农家书屋工程全面实施［EB/OL］. 2008年12月9日，http://www.bkpcn.com

②广西今年计划建设2500个“农家书屋”［EB/OL］. 新华网，2008年7月24日，http://news.xinhuanet.com/newscenter/2008-07/24/content_8762574.htm

③数据来源：中国农家书屋网，http://www.zgnjsw.gov.cn/

④李建伟. 我国编辑出版学本科教育现状研究[J]//北京印刷学院办学50周年：数字出版与艺术教育高层论坛论文集. 北京：北京印刷学院学报，2008年10月

目前出版教育也面临着困境。从高校自身办学来看，编辑出版教育仍然存在着学科定位不明确、课程设置偏理论轻实践等问题。有些办学点仓促上马，师资力量还很薄弱，上述216个办学点能够坚持常年办下去的不到一半。由于在校学生过多，供大于求，已经出现分配困难、供需错位的局面。作为编辑出版教育培养的本科毕业生经常遭到出版社冷遇，只能到其他传媒和文化产业的其他行业寻找出路。具有研究生学历的复合型人才较受欢迎。《2005—2010年全国新闻出版人才培养规划》指出，出版业现有人才的年龄结构、学历结构和知识结构等方面都严重不合理，综合素质亟待普遍提高，整个人才队伍的结构也存在着明显的不合理状态[①]，飞速发展的出版业各环节其实都迫切需要高素质人才。

因此，目前出版教育界人士不断努力的方向，就是从理念和实践层面解决出版教育与产业需求脱节的问题。2008年，一种新的出版教育理念——大出版的理念被强调，即将编辑出版专业纳入传播学的范畴，以大文化、大传播、大编辑的理念统摄整个编辑出版教育。如北京大学新闻与传播学院正在尝试以媒介融合的理论视野来指导出版教学，在课程开设中采取了加强基础、淡化专业、小核心、大外围的方法以及“3+2”的方式培养复合型人才以适应出版产业的需要。而武汉大学、印刷学院等高校则突出发行、印刷、设计等专业特色，为出版界输送了大批适用的发行和印刷人才。海内外校际交流与合作也成了提升出版人才素养的有效手段，比如北京大学新闻与传播学院与荷兰莱顿大学、牛津布鲁克斯国际出版研究中心等于2007年到2008年实现教师互访并在研究生层面建立起合作关系。

①新闻出版总署. 2005—2010年全国新闻出版人才培养规划[R]. 2005年

十、发行业改革

2008年5月9日，海南凤凰新华发行有限责任公司在海口正式挂牌成立，“海南凤凰”，实现了江苏新华发行集团和海南新华书店集团有限公司的联合，成为了国内首个真正意义上跨地区重组的大型发行企业，这对于我国的出版发行界而言无疑是具有典型示范效应的事件。从2007年第一家集出版物生产、销售及多元文化产业发展于一体的深圳出版发行集团的成立，到第一例跨地区兼并重组的中国和平出版社方案获批，直到2008年“海南凤凰”的成立，中国出版发行业在资源整合、跨区域重组、联合经营等方面一直成效显著。

2007年12月30日，我国已向全球开放除总发行以外的多种图书市场业务，如何应对世界出版发行业的巨头带来的挑战成为了出版界关注的议题。2008年6月23日，为期三天的首届新华书店发展论坛召开，论坛以国有发行业的整合重组、股份制改造、跨区域经营和上市融资，立足主业、多元经营、国有与民营合作发展等为议题展开了广泛讨论。2008年10月25日，首届“中国出版高端论坛”举行，论坛重点关注“面向未来的中国出版发行业改革”等问题。

经过总结和讨论我们可以看到，除了在跨区域重组、联合经营等方面的突破性进展外，在中国出版业转企改制过程中，发行业一直走在前列。省一级的新华书店改制已经基本到位，同时正积极推进上市融资的进程。连锁经营、物流配送、电子商务等发行业创新改革也得到了较快发展。然而，我们也应该意识到，国有新华书店系统思想僵化、体制落后；非公有经济引导力度不够、民营发行业仍未形成规范化发展的良性循环；发行业基础建设和相关法规建设相对滞后等问题，仍然是当前发行业改革发展面临的突出问题。

2008年的中国出版业，在进一步深化改革、发展创新的道路上稳步前进，同时也面临着全球化、市场化所带来的挑战和问题。2008年年底，中央政治局常委李长春同志两次到中国出版集团公司考察工作，体现了党中央对出版工作的高度重视和关怀。李长春同志在视察时指出：中国出版集团公司“不仅是国家队，还要成为国际一流的出版传媒企业集团”“要成为我国出版业改革发展中一面示范作用好、引领作用强的旗帜”“在传播社会主义核心价值体系、扩大中华文化影响力、推动全行业改革发展中，发挥主力军作用”。李长春同志的视察和讲话对中国出版集团公司提出了殷切期望：作为中国出版产业主力军的中国出版集团，应该努力将自己打造为真正的国际一流出版传媒企业集团；同时，也对中国出版产业的战略目标提出了明确要求：作为传播和弘扬中华文化重要力量的中国出版业，应该加快迈向国际一流的步伐，前面的道路任重而道远，需要中国的出版人付出更加艰苦的努力。

2009年出版十大关键词解读[①]

2009年，是新中国成立60周年的大庆之年，是我们应对国际国内环境重大挑战任重道远的一年，对于中国出版业而言也是浓墨重彩、值得认真总结回顾的一年。2009，中国出版业在金融危机压力下逆势上扬，实现了总产值突破1万亿，进入世界出版大国行列；2009，一份重磅级的《指导意见》出炉，带领出版企业大踏步进入转企改制攻坚年，也为日益成熟的民营出版这支“新兴出版生产力”正名；2009，中国以主宾国身份参加法兰克福国际书展，在莱茵河畔实现了华丽转身，也掀起了中国出版“走出去”的高潮；2009，“农家书屋”已覆盖全国近40%的行政村，“全民阅读”也不再只是一个口号；2009，电子阅读器走进大众生活，引领着出版产业新一轮的数字化升级；2009，在“双百亿”“骨干企业”“战略投资者”的目标支持下，各大出版集团进入了兼并重组、上市融资的实际操作阶段……纵观2009年，我们提出十个“2009出版关键词”，尝试解读中国出版业在诸多方面呈现出的发展特点与趋势。

一、指导意见：大踏步进入转企改制攻坚年

2009年是新闻出版总署计划进行新闻出版体制改革的主题年、攻坚年。2009年4月新闻出版总署印发《关于进一步推进新闻出版体制改革的指导意见》；2009年4月中办发16号文件《关于深化中央各部

①本文与卞卓舟合作完成

门各单位出版社体制改革的意见》出台；2009年7月国务院常务会议原则通过《文化产业振兴规划》。这些文件的出台和总署的大力推动加快了整体改制。《指导意见》描绘了未来我国新闻出版领域体制改革的路线图，设定了改革运行的时间表，除明确为公益性的图书、音像制品和电子出版物出版单位外，所有地方和高等院校经营性图书、音像制品和电子出版物出版单位2009年年底前完成转制，所有中央各部门各单位经营性图书、音像制品和电子出版物出版单位2010年年底前完成转制。

目前，148家中央各部门各单位出版社转制全面展开，103家高校出版社和268家地方出版社转制工作基本完成，29家出版企业集团公司已组建完成，453家图书出版社已完成或正在转制。报刊出版单位分类改革稳步实施，全国已有1069家非时政类报刊出版单位转制或登记为企业法人。30个省级新华书店系统完成了转制，出版、报业、发行等上市公司达到39家[①]。新闻出版体制改革正按照《关于进一步推进新闻出版体制改革的指导意见》的要求有条不紊地向前推进，明年肯定还将继续深化。

通过改制建立现代企业制度，实现产权和人员身份的置换，将为今后的持续发展打下坚实基础，全面提升行业竞争力。中央强调要通过改制，“做强做大一批，整合重组一批，停办退出一批”，这对出版企业而言实在是一个难得的行业机会。可以说，新闻出版转企改制已经进入到关键阶段，按照转企改制时间表，到2010年年底整个出版行业的转企改制工作将全部完成。那么，如何搞好“后转企改制”时期的平稳过渡、加速发展将成为重点。

①改革·发展·跨越——我国新闻出版业迈上新台阶[EB/OL]. 2010年1月15日，新华网，http://news.xinhuanet.com/politics/2010-01/15/content_12817571.htm

二、金融危机：数字报捷，危机中的逆势上扬

2008年，金融危机在世界范围内造成了严重影响，出版业也不可避免地受到波及。然而，一连串振奋人心的数字告诉我们，2009年的新闻出版业交上了一份令人满意的答卷。

2009年，新闻出版业总体形势喜人，中国已进入世界出版大国行列：中国新闻出版产业总产值已突破1万亿元，总产值同比增长20%，图书销售增长20%，新媒体出版增长42%，投资总额增长35%。2009年，我国图书出版品种27.57万种，总印数70亿册，销售额1456亿元，仅次于美国，位居世界第二；印刷复制业总产值达到5746亿元，位居世界第三；数字出版总产值达到750亿元，年增长50%以上①。2009年，书业盛会折射出行业热情：2009年有两场书业盛会在北京举办。1月，北京图书订货会订货码洋达25.168亿元，比去年增加18%；9月，第十九届全国图书交易博览会订货码洋达19.6亿元，拉动主办地消费近30亿元，再创历史新高②。2009年，大型书店卖场出现了“书店度假”的新景观：2009年春节七天长假内，北京图书大厦读者客流量达到30万人次，销售码洋累计超过1300万元，创历年春节销售历史新高。5月1日至3日，客流11万人次，三天销售总额达576万码洋，比去年同期增长8.1%。国庆节喜逢新中国成立60周年，七天的客流量更是直逼40万人次，销售码洋达到1345万元之多③。

与欧美国家出版业所遭受的严重危机相比，中国出版业反而呈现出“逆势上扬”的局面，在一定程度上反映出我国出版业具有的潜力

①柳斌杰．我国新闻出版产业总产值去年突破万亿元[EB/OL]．中国网，2010年1月13日，http://www.china.com.cn/news/txt/2010-01/13/content_19230632.htm
②2009中国出版逆势上扬［N］．光明日报，2009年12月30日
③2009中国出版逆势上扬［N］．光明日报，2009年12月30日

和机遇。更重要的是，2009年的新闻出版业响应国家扩内需、保增长的号召，加快公共文化服务体系建设。新闻出版总署利用政策杠杆的作用，先后制定了9项应对国际金融危机的措施，加快了产业调整和振兴规划实施的步伐，加大了10多个在建项目、规划项目的实施力度。然而，我们也应该看到，这种政策调整的模式对促进出版业发展有着较大的促进作用，但是也在某种程度上掩盖了中国出版业面临的外在困境和内部问题。对于中国出版业来说，增长方式、经济结构不合理，规模化程度低，大部分出版社和书店“多、小、散、乱、差”，这些都是亟待解决的问题。在政府扶持、企业自立的基础上加强自身建设，是中国出版业应对金融危机的必要认识。

三、出版60年：回顾与展望

2009年，全国人民迎来了新中国成立60周年的大喜之日，一批记载新中国60年历程的辉煌巨制相继问世。2008年9月，中宣部与新闻出版总署联合下发《关于抓紧制定和实施庆祝新中国成立60周年出版物重点选题规划的通知》。通知下发之后，各出版单位共报送庆祝新中国成立60周年重点图书选题1200余种、音像电子选题275种。截至2009年年底，重点出版物已基本出齐。经过中宣部和总署组织专家严格评审，评选出了《辉煌历程——庆祝新中国成立60周年重点书系》、庆祝新中国成立60周年百种重点图书、庆祝新中国成立60周年重点音像电子出版物3大类重点书。其中，《辉煌历程》是庆祝新中国成立60周年出版工作的重中之重。

这一年出版界竞相出版献礼图书，其中包括全景式记录和展现新中国60年历程的图书，如杨奎松的《中华人民共和国建国史研究》、张正隆的《枪杆子：1949》和王树增的《解放战争》等；也包括小角度、重细节、多视角的献礼图书，形式多样，涉及面广，从城市记忆到民生点滴，其中不少图书更偏向于关注民生往事与群体记忆，包括

《血色黄昏》《北风那个吹》《烈火中的青春》《一个上海知青的223封家书》《七十年代》等①。

出版60年，涌现出了一大批值得纪念的优秀的出版家、出版社。值此周年纪念之际，几项重要的奖项出炉。12月，“新中国60年百名优秀出版人物”和“新中国60年杰出出版家”评选结果揭晓，胡愈之、张元济、叶圣陶等22人被评为“新中国60年杰出出版家”，王仿子、任慧英、李朋义等100人荣膺“新中国60年百名优秀出版人物”。入选的多位出版人，都为中国出版的发展做出了重大贡献。随后，2010年1月13日，新中国成立60年来新闻出版系统百名优秀出版人物、百名优秀出版企业家、百名有突出贡献新闻出版专业技术人员即“三个一百”优秀人物在北京受到表彰，收到了不错的社会反响。

四、第61届法兰克福书展：文化交流、版权交易双丰收

2009年10月，中国以主宾国身份参加法兰克福国际书展，这是中国首次成为这个具有出版业“奥运会”之称的书展主宾国，从德国莱比锡国际图书展开幕到法兰克福书展结束，中国主宾国共举办多达600多场的活动，成为中国图书、文艺、电影、学术、版权界与世界文化的一次零距离接触。

据统计，这次法兰克福书展期间，参展的中国出版单位达227家，展品总计7600余种。2500平方米主宾国主题馆，1000余平方米中国展区展台，35场重要的出版专业交流活动，百余场出版单位自行组织的活动……都为中外出版人搭建了促进了解、谋求合作的平台②。中国出版代表团在书展中输出版权2417项，相当于去年463项版权输

①争议与热潮，串起2009阅读记忆的脉络[J/OL]. 中国网，2009年12月25日，http://www.china.com.cn/book/txt/2009-12/25/content_19129437.htm

②吴雨珊. 让世界了解中国——法兰克福书展中国主宾国活动后记 [N]. 出版商务周报，2009年10月20日

出合同的5倍多，图书总码洋达87万余元[①]。可以说，这次法兰克福书展，是中国出版业华丽转身、对外开放、融入世界出版业的重要标志，实现了文化交流、版权交易双丰收。

在2009年的法兰克福书展上，许多中国出版代表单位展现出了很强的实力和特色。中国国际出版集团在此次书展版权输出方面拔得头筹，位居国内各出版集团版权输出第一，签订版权输出合同332项，达成输出意向155项，引进版权37项，达成引进意向49项，创历届重大国际书展版权贸易新高[②]。中国青年出版社伦敦分社成为中国出版军团的一大亮点。中青社展台是在以英、美为主的英文出版展区唯一以中国文化艺术为主题的展台，也是中国主宾国活动中在8号英美馆唯一的展示活动空间。同时，在此次展会上与兰登书屋等欧美大型出版商达成多项合作，订货码洋突破300万美元[③]。

2009年的法兰克福书展还给中国出版业"走出去"带来了绝佳的契机，许多出版企业把握机遇，在这一年实现了"走出去"的大突破。中国出版集团的"走出去"一直是其战略规划的重要一部分。从2007年9月中国出版集团公司成立了第一批海外合资出版公司之后，又陆续在加拿大温哥华、韩国首尔、中国香港特区、英国伦敦陆续成立了第二批合资出版公司。2009年下半年，中国图书进出口（集团）总公司在美国纽约成立独资梅花出版公司，在德国法兰克福成立独资丁香出版公司。两年多的时间里，以较快的速度在出版业发达地区完成了海外出版公司、实体书店和网上书店的初期布局。人民卫生出版社从2005年开始制订了国际化的发展目标，在"走出去"工作上取得了较大的进展。2009年12月，人民卫生出版社投资7亿元建设的世界

①2009中国出版逆势上扬［N］. 光明日报，2009年12月30日

②中国国际出版集团，版权输出排头兵［N］. 出版商务周报，2009年12月28日

③中青社：立足英美，三年蜕变［N］. 出版商务周报，2009年12月28日

医药图书大厦投入使用。这座大厦的会展中心将举办各类医药专业国际会议，吸纳全世界众多的医药领域的大牌专家，并形成人民卫生出版社一流的国际作者群。

五、民营出版："新兴出版生产力"得到正名

近几年来，通过与出版社合作，全国民营文化工作室每年策划图书4万多种，占市场渠道销售的40%至50%[①]。其中，相当一批与世界先进潮流同步的畅销书是由非公有出版工作室参与策划的。非公有出版工作室具有创新能力强、适应市场快等优势，已经成为一支出版业生力军。可见，引导和规范非公有资本有序进入新闻出版产业，是进一步深化改革的要求，也是进一步发展产业的需要。

2009年1月，新闻出版总署署长柳斌杰在全国新闻出版局会议上的工作报告中表示："要积极研究民营文化工作室参与出版的通道问题，对于规模大、实力强、导向正确的民营文化工作室要积极支持，正确引导，加强管理，发挥好新兴文化生产力的作用。" 4月，新闻出版总署颁布《关于进一步推进新闻出版体制改革的指导意见》，进一步明确了非国有出版工作室为"新兴出版生产力"的地位，将"非公有出版工作室"定位为"新闻出版产业的重要组成部分"，对民营出版策划机构在满足人民群众精神文化需求、促进出版生产力发展中所发挥的积极作用，给予了充分的肯定，并提出要"在特定的出版资源配置平台上，为非公有出版工作室在图书策划、组稿、编辑等方面提供服务"。对于非公有出版工作室，《指导意见》明确提出：第一，肯定非公有出版工作室是一种新兴文化生产力；第二，鼓励和支持它们以多种形式进入政策许可领域；第三，将它们作为新闻出版产业的重要组成部分，纳入行业规划和管理，引导和规范其经营行为；第四，为非

①柳斌杰．《指导意见》为民营文化工作室"撑腰"[J/OL]．人民网，2010年1月6日

公有出版工作室在图书策划、组稿、编辑等方面提供服务；第五，鼓励国有出版企业在确保导向正确和国有资本主导地位的前提下，与非公有出版工作室进行资本、项目等多种方式的合作；第六，鼓励和支持非公有文化机构积极开拓海外新闻出版市场，支持有条件的新闻出版企业，通过新设、收购、合作等方式，到境外办社、办报、办刊、办站、办厂、办店，实现新闻出版企业在境外的落地和本土化。

政策的日渐开放，预示着中国民营书业将可能出现新一轮洗牌与蜕变，其中，民营与国有的“联姻”是最引人注目的一个新动向。2009年4月，凤凰出版集团旗下的江苏人民出版社与北京共和联动图书有限公司合资成立凤凰联动公司，这是《指导意见》发布国有与民营合作获得政策支持后成立的第一个国有与民营合资公司。另外，凤凰出版传媒集团与共和联动，长江出版传媒集团与著名英语学习品牌“王迈迈”，安徽出版集团所属安徽科技出版社与星火国际，中南出版传媒集团所属岳麓书社与著名教育学家肖川，明天出版社、齐鲁书社与志鸿教育等等“联姻”，都体现出了随着国有与民营对合作的探索正日益深入，合作方式也趋于多元化。

虽然也有人表示，《指导意见》只是给了一个大方向，对具体操作细则未加阐述，但是这份文件的出炉，在宏观层面上扫清了民营书业的发展障碍。民营书业是否能够获得与国有出版同等的“国民待遇”，我们还将拭目以待。

六、电子阅读器：助力产业升级，掀起阅读革命

数字出版的发展离不开人们阅读环境和习惯的变化。目前，我国网民总数超过3.5亿人，互联网普及率超过20%。全国手机用户达到6.7亿，其中用手机上网的用户达到1.76亿[①]。大众的阅读方式已经不

①我国网民总数超过3.5亿人，互联网普及率超过20% [N]. 中国新闻出版报，2009年12月17日

再局限于传统纸质媒体及光存储媒体，新兴的数字媒体，比如新闻网站、电子图书、数字杂志、在线音乐、网络游戏，还有以手机为载体的手机报纸、手机小说、手机音乐等新的阅读方式和阅读载体正日新月异、风起云涌。

在这样的背景下，2009年的数字出版在世界范围内掀起一股电子化热潮，其中的代表无疑是“电子阅读器”。2009年12月27日，美国亚马逊公司宣布，亚马逊在Kindle阅读器和电子书方面的年度收入将达到2.66亿美元，占其北美总收入的10%[①]。全球领先的针对电子制造领域的市场研究公司iSuppli称，2009年全球电子书阅读器的销量超过500万台，2010年可能增加1200万台[②]。金融危机的持续蔓延可能限制对电子出版物阅读终端技术开发的资金投入与市场推广，但从目前国际出版市场来看，出版数字化转型以及出版产业整体格局的转型趋势正在加快。

面对十几亿的潜力市场，中国在数字出版领域大有可为。汉王电纸书全年销量突破50万台，方正的文房、金蟾的易博士、津科的翰林、福昕的eSlick等一大批国产电子书阅读器来势凶猛，华硕、宏基等IT巨头也表现出对这一市场的兴趣。珍妮弗·科尔格罗夫认为电子阅读器在中国的销售会从今年的80万台增长到2010年的300万台，销售额将占全球20%，在2015年就会赶超美国[③]。

当技术日益成熟，电子阅读市场的企业对内容资源的争夺越来越激烈，中文在线、盛大文学重金购买数字版权，中国移动则推出了“手机阅读基地项目”。同时，技术领域的格局也发生了变化，台湾元

---

①电子阅读器，传统出版的敌人还是朋友［N］. 出版商务周报，2009年12月28日

②2009年电子书阅读器进入“战国时代”［N］. 科技日报，2009年12月30日

③中国可望在电子阅读器领域再唱主角［J/OL］. IT业界，2009年9月7日，http://www.17tech.com/news/20090907127112.shtml

太科技2009年一举收购了美国E-ink公司，将电子书阅读器的核心显示技术收入囊中，台湾几大主要代工厂商纷纷表示要进军这一市场，寻求产业链的上下游整合。技术进步正在改变读者的阅读习惯，电子书阅读器越火爆，对内容的渴求就会越强烈，这对手握丰富内容资源的传统出版单位而言意义重大，关键看传统出版单位如何把握。

七、出版社评级：发出黄牌警告，几家欢喜几家愁

2009年8月10日，历时5年的调研论证、体系论证、完善细化，备受出版业乃至全社会关注的首次经营性图书出版单位等级评估结果出炉，新闻出版总署将被评为一级的100家经营性图书出版单位名单向社会公示。此次评估是新中国成立以来我国出版业进行的首次评估，标志着中国出版企业评估制度正式建立。对全国500家经营性图书出版单位在2006—2007年度的出版综合情况实施了等级评估。按照社科、科技、大学、教育、古籍、少儿、美术、文艺等分成8个类别，将图书出版单位的评估分为4个等级，由高到低，分别为一级、二级、三级和四级。评出一级出版单位100家，占20%；二级出版单位175家，占35%；三级出版单位200家，占40%；四级出版单位25家，占5%。国家新闻出版总署将对百家出版社重点支持，在资源配置等相关政策上给予适当倾斜——其中包括，书号不受限制。

此次评估表明了我国对图书出版单位的管理，从定性管理向定性和定量相结合的科学管理的转变，对促进图书出版单位的优胜劣汰、图书出版单位市场竞争力的提高和品牌的构建，将起到促进作用。100家出版社位列一级，除了是一种荣誉，更是一种对品牌和实力的认可，而且还会有在书号配置、资源投入上优先的实际利益，但如何保持优势，将会成为一种前进的动力。而那些没有被评上的出版社，尤其是掉入四级的25家出版社则倍感压力。原来的一潭死水，总算活动起来，要奖优罚劣了。此举值得肯定。

八、公共文化服务体系建设："农家书屋"成一号工程，"全民阅读"成社会风潮

2009年，中央大力投入资金支持地方各项文化工程，总量达到30.59亿元，比2008年增加8.92亿元，增长41%[①]。政策的倾斜为加强公共文化服务体系建设提供了有力的支持和保障，体现在出版行业，主要有两件大事，一是农家书屋的建设，二是全民阅读的倡导。

农家书屋既是一项惠民工程，也是一个全新的市场，更是新闻出版总署的一号工程。目前，"农家书屋"已建成24万家，覆盖全国近40%的行政村，提前完成"十一五"规划[②]。以每个农家书屋1000册图书、30种报刊、100种（张）电子音像制品的要求计算，每个农家书屋的建设标准约为2万元，30万个农家书屋需投入60亿元。总署计划用10年时间，在64万个行政村、7万个社区全部建成村民、居民公用书屋[③]。调查显示，农民读者的阅读需求早已发生了较大的变化，除了农业科技类图书，文化、生活、政经类图书也广受欢迎，中华书局、商务印书馆、人民文学出版社等还被农民读者选为最喜爱的出版机构。然而出版社还不能完全满足这种需求，可见在这块市场上仍有进步的空间。

2009年，由政府主导、培养民众阅读兴趣的全民阅读工程开展得红红火火，同时也成为扩大出版消费需求的因素。温家宝在2009年2月到中国政府网与网友在线交流时便提出赞成设立"全国读书节"，而当年的世界读书日，温家宝亲自与作者、编者、读者进行互动交流，

---

①文化产业逆势增长，成为拉动经济发展新引擎［N］. 中国青年报，2010年1月4日

②2009年：文化体制改革全面发力攻坚克难［EB/OL］. 新民网，2010年1月4日，http://news.xinmin.cn/rollnews/2010/01/04/3242449.html

③农家书屋，关了一扇门又开了一扇窗［N］. 出版商务周报，2009年12月28日

号召全民阅读成为2009年全国各地风起云涌的“世界读书日”系列活动的点睛之笔。为使“全民阅读”得到更多民众的认知，中国出版科学研究所和深圳读书月组委会办公室联手组织编撰的《中国阅读——全民阅读蓝皮（第一卷）》于2009年10月出版，并在深圳读书月上首发。杭州市政府甚至向市民发放了1亿元图书消费券，当地一些书店当月销售额同比增长30%[①]。在鼓励阅读、培养书香社会方面，各地好的经验应该大力推广。

九、兼并重组：加快培育出版传媒骨干企业和战略投资者

按照新闻出版总署发出的《关于进一步推进新闻出版体制改革的指导意见》要求，我们在继续推进经营性出版发行单位转企改制的同时，将推动出版企业跨媒体、跨行业、跨地区兼并重组，鼓励有条件的出版企业上市融资，在三五年内培育六七家资产超过百亿、年销售额超过百亿的国内一流、国际知名的大型出版传媒企业，出版资源将向这些大型骨干出版传媒企业倾斜。在此形势下，一些实力较强的出版集团不愿在新一轮竞争中落在人后，2009年纷纷将“双百亿”列入自己或长或短的发展目标，希冀在不远的将来通过兼并重组、多元化发展也能成为出版业的“航空母舰”。

去年年底，由贵州省店和四川新华文轩合资组建的贵州新华文轩发行有限责任公司挂牌，这家在年终岁尾成立的新公司拉开了2009年书业跨区域重组的序幕。2009年4月，吉林出版集团与中华工商联合出版社改制重组的中华工商联合出版社有限责任公司在北京挂牌成立，成为地方出版集团与中央和国家机关所属出版社跨地区、跨部门战略重组的第一家出版单位。6月，天津出版总社、内蒙古新华发行集团股份有限公司、北方联合出版传媒股份有限公司在京签署《战略合作框架协议》，宣告我国出版业以资本运作方式进行资源整合，组建

①邬书林．积极应对金融危机，努力加快出版发展[J]．中国出版，2009年第10期

跨地区大型出版产业"航母"的探索迈出了实质性步伐。还有中国出版集团与山东出版集团、时代出版传媒分别签署了战略合作协议，凤凰出版传媒与山东出版集团也结成了战略合作联盟。合作方式多种多样，既有以项目和资源为纽带的合作，也有以资本和股权为纽带的合作，范围涉及资源、数字出版、人力、印刷、"走出去"等多个方面。

打破地域和部门限制，打破条块分割，培育资产和资源集中度高的大型出版传媒集团成为骨干企业和战略投资者，正是国家和总署的迫切期望。然而，由于现已成立的出版集团大都为省域集团，地方政府出于种种考虑，不愿意辖下出版集团被外来集团购并。目前，出版业的兼并重组还未能完全按照市场规律运行，行政力量还是主导。所以，能否通过跨区域重组真正实现促进发展的效果还有待观察。

十、上市融资：书业涌动上市潮

目前我国唯一一家"双百亿"出版集团是江苏凤凰传媒集团。如果要在三五年时间内出现六七家"双百亿"集团，必须走资本市场融资与经营这条道路。这一政策的明确，为新闻出版公司扫清了利用资本市场的"资格障碍"。

如今，全国二十多家出版发行集团中，没有提出上市口号的已不多见，2009年做出实质动作的更是不在少数。比如，凤凰出版传媒旗下凤凰置业借壳耀华玻璃获得证监会通过，即将成为上市公司，其另一个上市主体凤凰新华书业股份有限公司也已成立；中原出版传媒和江西出版集团借壳计划尽管低调，最终也浮出水面；湖北长江出版传媒集团和浙江出版联合集团将上市列入发展战略；中国出版集团的上市构架几经调整终于确定，中宣部批复该集团公司成立中国出版传媒股份有限公司，集团公司旗下12家出版单位整体进入中国出版传媒股份有限公司，荣宝斋原上市计划和方案不变；湖南出版集团成立了上市主体中南出版传媒集团股份有限公司；广东出版集团即将完成股份制改造。此外，山东出版集团、读者出版集团、中国科学出版集团等都有上市计划。

然而，金融危机对新闻出版业资本市场的影响较为明显，出现了企业市值下降、拟上市企业的上市进程受阻的状况。以几家著名的出版上市企业为例，出版传媒和时代出版是以图书出版为主业的出版企业，新华传媒是以发行为主业的出版企业，赛迪传媒是一家以经营计算机类专业报纸和期刊为主的出版企业。这几家上市公司在2008年10月到11月间股票价格跌入低谷①。2009年，这四家公司都开始逐步回升，但到目前为止仍然未达到2008年年初的估值。

2009年已然过去，各大出版发行集团的上市进程集体搁浅。但可以肯定的是，2010年，中国出版集团、上海世纪出版集团、安徽新华出版集团、中原出版传媒等跃跃欲试，争先恐后，我们将会迎来出版传媒企业的上市高峰。

2009年对于出版业来说，可谓收获颇丰、富于生机，但是繁荣背后也有隐忧，存在不少值得重视的问题。意义重大的《指导意见》目前只是原则大纲，若要真正起到指导实践的作用则还需要具体可行性方案；转企改制虽然得到硬性落实，但是也有的单位名改实不变，被戏称为“企业单位，事业化管理”，出版企业能够真正成为市场主体还有待检验；民营出版力量虽然地位有所上升，但还没有真正享受国民待遇，许多民营出版企业生存状态不佳，濒临破产，难以为继；出版“走出去”红红火火的表象背后仍然存在严重的版权贸易逆差；出版行业统计数字口径不一，真正出版主业的生产总值数据在公布的产业总值所占甚小；“双百亿”指标的提出也许会更加鼓励地方保护主义，现

①范卫平，张亮，周蔚华．关于金融危机对我国新闻出版业影响的调研报告[J]．2009年11月

有的出版集团难以实现真正意义上的“四跨”，企业上市后，有了资金如何盈利还是问题；出版产业链各环节之间存在互相不信任、不和谐的状况；数字出版声势浩大，但是相当一部分出版社仍在观望，具体投入实际操作的并不多；农家书屋利国利民，但是也存在部分地区形式大于内容，求数量不求质量的问题……中国出版业已经步入出版大国的行列，但是迈向出版强国的路仍不平坦，需要中国出版人直面问题，“修炼内功”，以求更大的发展。

参考文献:

1. 改革·发展·跨越——我国新闻出版业迈上新台阶[EB/OL]，2010年1月15日，新华网，http://news.xinhuanet.com/politics/2010- 01/15/content_12817571.htm

2. 柳斌杰. 我国新闻出版产业总产值去年突破万亿元[EB/OL]，2010年1月13日，http//www.china.com.cn/news/txt/2010-01/13/content_19230632.htm

3. 2009中国出版逆势上扬［N］，光明日报，2009年12月30日

4. 争议与热潮，串起2009阅读记忆的脉络[J/OL]，中国网，2009年12月25日, http://www.china.com.cn/book/txt/2009-12/25/content_19129437.htm

5. 吴雨珊. 让世界了解中国——法兰克福书展中国主宾国活动后记[N]，出版商务周报，2009年10月20日

6. 中国国际出版集团，版权输出排头兵[N]. 出版商务周报，2009年12月28日

7. 中青社：立足英美，三年蜕变[N]. 出版商务周报，2009年12月28日

8. 柳斌杰.《指导意见》为民营文化工作室“撑腰”［J/OL］. 人民网，2010年1月6日

9. 我国网民总数超过3.5亿人，互联网普及率超过20%［N］，中国新闻出版报，2009年12月17日

10. 电子阅读器，传统出版的敌人还是朋友[N]，出版商务周报，2009年

12月28日

11. 2009年电子书阅读器进入“战国时代”[N]，科技日报，2009年12月30日

12. 中国可望在电子阅读器领域再唱主角[J/OL]，IT业界，2009年9月7日，http://www.17tech.com/news/20090907127112.shtml

13. 文化产业逆势增长，成为拉动经济发展新引擎[N]，中国青年报，2010年1月4日

14. 2009年：文化体制改革全面发力攻坚克难[EB/OL]，新民网，2010年1月4日，http://news.xinmin.cn/rollnews/2010/01/04/3242449.html

15. 农家书屋，关了一扇门又开了一扇窗[N]，出版商务周报，2009年12月28日

16. 邬书林. 积极应对金融危机，努力加快出版发展[J]，中国出版，2009年第10期

17. 范卫平，张亮，周蔚华. 关于金融危机对我国新闻出版业影响的调研报告[J]，2009年11月

2010年出版十大关键词解读[1]

2010年，对于中国出版产业而言，是不平凡的一年，“十一五”收官之年、转企改制冲刺之年、数字出版井喷之年……中国出版正以前所未有的速度进入升级转型期。2010年，被称为出版业“一号文件”的《关于进一步推动新闻出版产业发展的指导意见》出台，大力助推出版产业走上健康、规范的发展新轨道，明确了今后的目标：要从“出版大国”走向名副其实的“出版强国”；2010年，历时7个月的首份新闻出版“摸底”报告出炉，为产业成长提供了系统的数据支撑；2010年，中国出版界的又一艘“集团航母”——中国教育出版传媒集团挂牌成立，出版集团建设进入大时代，出版市场的整体格局也迎来了大变化；2010年，数字出版进入了快车道，电子阅读器市场“百团大战”、手机阅读“三足鼎立”，出版人也努力进行着数字维权行动，数字时代新的市场规则正在逐步建立；2010年，当当网在纽约交易所上市，京东网强势进入，如火如荼的价格战在三家网售巨头中展开；2010年，转制工作进入收尾，融资政策日渐明朗，兼并重组、上市融资，资本运作风起云涌；2010年，书业营销花样百出，微博营销、影视出版游戏产业链衍生、大手笔广告投放，为图书销售市场注入新的活力……纵观2010年，我们提出十个“出版关键词”，尝试解读中国出版业在诸多方面呈现出的发展特点与趋势。

①本文与卞卓舟合作完成

一、"一号文件"

1月1日，新闻出版总署出台《关于进一步推动新闻出版产业发展的指导意见》（以下简称《指导意见》），被称为新闻出版业2010年的"一号文件"。这是总署继去年出台《关于进一步推进新闻出版体制改革的指导意见》后，又一个引起业内外高度关注的政策文件。《指导意见》明确了今后一段时期新闻出版产业发展的方向，意图明确指向出版业转企改制、兼并重组，打造航母走向世界。

继"一号文件"之后，1月，新闻出版总署署长柳斌杰在全国新闻出版工作会议上表示，我国已进入世界出版大国行列，下一步要大力推动我国向新闻出版强国迈进。"新闻出版强国"的战略目标被明确提出。多组数字都可以说明中国目前已是一个出版大国：2009年，我国已经以440亿份的出版总量成为世界发行总量最大的报业市场，以30.2万种图书品种成为仅次于美国的图书出版大国，新闻出版产业总产值已突破1万亿元。但与世界强国相比，无论发展规模、发展格局，还是发展方式、发展质量，我们都存在着很大的差距。以集团建设为例，国外出版传媒集团集中度非常高，往往前4名的产值就占全部出版产业产值的一半以上，前8名的产值就占到全部出版产值的60%到70%，而我国前8位出版集团产值还不到全部产值的20%，产业集中度和竞争力有待加强。因此，无论是"一号文件"的出台，还是新闻出版强国任务的提出，都是给出版业提问题、敲警钟、定规划、吹响号角的关键声音。

二、新闻出版产业报告

7月26日，新闻出版总署首次发布《2009年新闻出版产业分析报告》，这份历时7个月调查统计的"摸底"报告是新中国成立以来由政府主管部门发布的行业覆盖面最广、调查规模最大的新闻出版全行业分析报告。据统计，全文共计公布490个产业数据，很多数据不仅为首次披露，而且是根据新闻出版行业近年来最新发展形成的细分领域核心数据统计而来。

这份报告从行业总体情况、产品结构分析、产业结构分析、地区结构分析、企业法人情况分析、集团与图书出版单位总体经济规模综合评价、产业特点与存在问题等七个方面对新闻出版产业进行了梳理和阐述。同时，揭示了新闻出版产业五大发展趋势：一，新闻出版业已经成为文化产业的生力军，行业总产出突破1万亿元大关；二，新闻出版体制改革成效显著，市场主体基本形成，企业法人的单位数量占法人单位总数的96.3%；三，数字出版发展迅速，数字出版经济规模超过图书出版；四，文化大省和东部沿海地区新闻出版业发展优势明显并已形成产业带；五，非公经济成分获得长足发展，72%的企业法人单位为民营企业。

“出版强国”战略目标的逐步实现，需要数据支撑和调研基础。但凡发展成熟的行业，系统、权威、真实的调查数据和分析报告是必不可少的支撑要素。这份报告的出炉，尽管还是首次尝试，但是从调查范围、流程设计、方法和效果来看，都将成为今后行业发展的重要支撑。

三、教育出版传媒集团

12月18日，由人民教育出版社、高等教育出版社、语文出版社、中国教学仪器设备总公司、中国教育图书进出口公司等单位组成的出版巨头——中国教育出版传媒集团在京成立。从产品结构上看，组建后的中国教育出版集团几乎囊括了从“幼教”到“高教”的整个教育、学术出版层级。单从教育出版领域而言，集团的资源整合能力、市场竞争力无人能敌，以“出版龙头”来称呼中国教育出版集团名副其实。因此，教育出版传媒集团从成立这天起，就将龙头企业、现代企业、跨国企业作为集团三大目标任务。

至此，中国出版界又增加了一个“国”字头的大型传媒出版集团，如此重大战略部署，将全面推动2011年出版集团真正进入大时代，将会影响到中国出版市场整体格局的变化。此类大型出版集团，将会实施不断兼并地方出版企业的战略从而完成渗透、改变全国出版市场的整体战略，当前以各省为单位的地方出版集团的地域垄断局面将会被打破，尤其是教育出版市场。教育出版传媒集团能否发挥整合优势，将会走上怎样的发展道路，运用什么样的竞争策略，将会在某种程度上影响到中国出版的走向。

四、电子书[①]

这一年，有一个数字格外引人注目，就是799.4亿。2009年，我国数字出版产业的收入达799.4亿元，首次超过了纸质出版。然而仔细分析，其中的重头戏是网络游戏、网络广告以及手机出版中的音乐和游戏等。其实，最能代表当前中国数字出版发展状态的应该是电子书，这一数字出版形态将是出版产业在可预见的将来（最）关键的增长点。

根据美国出版商协会的资料显示：与2009年相比，美国2010年的电子图书销售额几乎增加了两倍，占到图书销售总额的9%；除亚马逊的Kindle、索尼阅读器、巴诺书店的Nook之外，iPad也在2010年成为电子书消费者的重要选择。

2010年国际电子书市场的酣战直接影响了中国出版的走向。一方面是非传统出版社网站、技术公司的巨大热情。3月，盛大文学推出

---

①电子书是指将文字、图片、声音、影像等讯息内容数字化的出版物和植入或下载数字化文字、图片、声音、影像等讯息内容的集存储和显示终端于一体的手持阅读器，多指阅读的内容，代表人们所阅读的数字化出版物，区别于以纸张为载体的传统出版物。电纸书是一种类纸阅读器，多指手持阅读器（阅读电子书的工具），基于电子墨水最新显示技术，就像阅读纸书一样阅读电子书，舒适环保、不伤眼睛，同时还拥有大容量和便携性的特性

“一人一书”计划，发布电子书战略；4月，扬州首次试点电子书进入校园上课；12月，汉王科技对外宣布，汉王电纸书的销量将突破100万台……另一方面是传统出版社的跃跃欲试。3月，世纪出版集团发布首款由传统出版企业自主研发和设计的电子阅读器——辞海悦读器；4月，中国出版集团公司推出大佳阅读器；同期，重庆出版集团与汉王合作推出“读点经典”阅读器；5月，《读者》电纸书首度正式亮相深圳文博会。据中国新闻出版研究院张立统计：在2010年5月前就有80多家公司推出了200多款电子书。然而，更多的传统出版社仍然处于参与但不积极，合作但不投入的姿态。“内容资源”的缺失与低质量始终是电子书市场的一块心病。

可以说，目前的中国电子书市场还处于群龙无首、无序竞争的状态。为了规范和引导市场，4月，全国信息技术标准化技术委员会发起成立电子书标准工作组，拟制定电子书行业的标准规范并将监督执行；10月，新闻出版总署颁布《关于发展电子书产业的意见》，建立电子书行业准入制度，搭建国家级电子书内容资源投送平台，研究制定电子书格式、质量、平台、版权等方面的行业及国家标准；11月，新闻出版总署向首批21家企业颁发电子书相关业务资质证书，对从事电子书相关业务的企业实施分类管理。

无论是政府、传统出版社还是网络公司，都在对电子书市场进行规范和整合工作，并且都对此满怀希望。然而，目前的电子书市场还存在标准不统一、内容质量低下、硬件水平不高、盈利模式不清晰等等很多问题，要使电子书成为数字出版发展，尤其是数字资源整合和盈利的突破口，还需要各方力量的合作与努力。

五、手机阅读

与电子阅读器市场的“战国争霸”相比，手机阅读在2010年迎来了一场“三国演义”。5月5日，中国移动手机阅读业务正式商用，中国移动表示，手机阅读业务将以手机终端和移动电子书为主要形态，业务定位是“打造全新的图书发行渠道”；广东联通签约50家内容合作伙伴展开“手机阅读”业务平台建设；7月21日，新闻出版总署署长柳斌杰、中国电信集团公司总经理王晓初在京签署《推动数字出版产业发展战略合作备忘录》。根据双方签署的协议，新闻出版总署将支持中国电信浙江数字阅读基地开展天翼数字阅读平台建设等。

随着人们手机阅读习惯的成熟，手机出版已呈蓬勃发展的趋势。而中国移动、联通和电信的三足鼎立，迅速瓜分了手机阅读市场。中国移动和联通凭借强大的平台、渠道优势，尤其是巨大的用户资源，以一种整合产业链上下游的姿态出现。而中国电信则与政府战略合作，以一种完善数字出版产业链、加深行业合作的姿态出现。由于三者都具有很强的特色和优势，内容提供商抱着喜忧参半的心情与通信巨头的合作，无疑将有利于促进移动阅读商业模式的成熟与发展，然而它们的强势进入，是否会在手机阅读、数字阅读市场形成垄断，内容提供商存在着诸多忧虑。

六、数字维权

2010年，版权纠纷在数字出版中进一步激化，继Google图书馆计划引起轩然大波之后，2010年百度文库再次惹怒各方。11月，文著协与盛大文学召开联合发布会，指责百度及百度文库侵权。同时，盛大文学宣布，就旗下五部网络小说，向百度进行维权诉讼。文著协又相继接到包括作家张抗抗、陈建功，高等教育出版社、机械工业出版社、中信出版社等对百度文库的诉讼。12月9日，文著协、盛大文学，与磨铁图书公司共同发布《针对百度文库侵权盗版的联合声明》。

自从数字出版兴起以来，其产业链中作者、出版社、终端厂商之间围绕版权而产生的利益纠纷较传统出版更为激烈。尽管数字版权问题尚未得到切实的解决，但是2010年的风波至少代表着出版从业者的一种集体意识，代表着推动作品有效传播、维护合法权益的一种努力，也预示着数字出版走上理性发展的可能。

同时，数字版权问题不仅仅表现在版权纠纷和数字维权等方面，还引起了中国出版商对版权的重视。中国出版商意识到在数字出版时代，只有向国外出版商学习，拥有百分之百的知识产权，规范数字版权的授权和出售，完善数字版权代理制，才能解决一系列数字出版带来的问题。

七、价格战

2010年，电子商务网站由垂直型商城向综合性百货商城转型已成大势所趋。4月，当当网大举进军百货领域；卓越亚马逊也加强了新品上线速度；11月，京东商城也正式宣布图书产品线上线。直到11月，当当网在美提交IPO申请，12月，当当网正式在美国纽约证券交易所上市，图书分销领域的电子商务网站也搭上了资本的快车。

而在当当网吹响上市号角的同时，一场网络图书销售领域的“三国演义”迅速上演。从12月14日凌晨开始，京东商城全线下调了图书价格，比原来的京东价低20%；12月15日，另一大图书网售巨头卓越亚马逊推出年度最给“利”特惠——数十万种畅销书在全网最低价的基础上再降20%并返券；12月16日，当当网正式宣布斥资4000万元促销，反击京东商城……

2010年年底的价格战又一次引发了不小的书业震荡，一方面是实体书店叫苦不迭，另一方面是网络书店的规模经济使其在与上游出版商谈判过程中拥有极强的议价能力。尽管消费者颇为欢迎这种优惠活动，但是当作者、出版商和销售者陷入恶性循环的利益怪圈时，行业生存发生困难，产品质量必然受到影响，读者的根本利益亦会受损。此次价格战爆发之后，一些实力大社表示，愿意结成联盟，共同遏制网络低价，并提出给京东“断粮”的提议。这种“限价”的举动是否能从根本上解决问题，还有待观察，出版商还面临更为严峻的考验，就是诸如当当网这样的电子商务网站，已经开始筹备直接介入数字出版业务，这又将是一批实力强劲的竞争对手。

八、资本运作

截至2010年，地方出版社已经基本完成转企改制。103家高校出版社中，大部分已完成转企改制任务。另外，中央各部门各单位的148家出版社的转企改制方案已全部获批复，其中39家已经提前完成了转企工作。转企改制不是最终的目的，如何激发市场活力才是要害问题。4月，九部门联合下发新中国第一个金融支持文化产业的文件——《关于金融支持文化产业振兴和发展繁荣的指导意见》，出版行业资本运作一时间风起云涌，2010年的出版企业纷纷开始寻求资本的力量，兼并、重组、上市、融资，正如火如荼地展开。

1月，皖新传媒挂牌上市，成为全国新华书店系统境内首发上市第一股；3月，时代出版传媒股份有限公司重组控股了中国文联直属出版单位中国文联出版社和大众文艺出版社，安徽新华发行集团与中国外文局所属新世界出版社的合作意向签约；同月，北京师范大学出版集团跨地域重组安徽大学出版社，这是国内高校出版社的首例跨地域、跨高校重组；6月，求是杂志社和浙江日报报业集团合作重组红旗出版社，此举是中央级媒体与地方重要报业集团实现强强联合、进行资源整合的尝试；6月，四川新华文轩重组四川出版集团出版业务，实现了出版发行一体化经营格局；10月，中南传媒成功登陆上海证券交易所，一跃成为出版传媒板块的新龙头；11月，北方联合出版传媒（集团）股份有限公司分别与天津出版传媒集团有限公司、内蒙古新华发行集团股份有限公司签署股权合作协议。12月，当当网在纽约证券交易所挂牌上市；湖南天舟科教文化股份有限公司作为中国民营书业第一股即将正式登陆创业板。

长期以来，地域壁垒，行业壁垒，所有制壁垒，一直是我国文化产业发展的障碍。而资本力量的介入，却可以推动文化产业“对内开放”不断取得实质性进展。“增强核心竞争力，借助资本市场，做强做大”成为各家出版企业在“后转制时代”的共同目标。然而，无论出版市场如何变化，资本力量如何强大，出版的文化属性不会变，读者的内容诉求不会变，只有既成为资本市场的运营高手，又坚持于文化事业的职业操守，令出版品牌价值稳步提升的企业，才会是真正的赢家。

九、书业新营销

2010年首当其冲的新现象是图书出版的微博营销。在新浪微博中，活跃着多家知名出版单位及图书公司，例如二十一世纪出版社、人民文学出版社、磨铁图书、读客图书等。还有许多出版人，如“金黎组合”、沈浩波等也有积极响应。微博营销不仅仅是一种介绍和推广，更可以通过谈论出版界热点现象及事件，让信息流通起来，让碎片式传播渗透到读者群中，为书业营销提供许多新的可能。

媒体融合的趋势也带动了图书营销的多样化。2010年，《风声》《杜拉拉升职记》等作品在出版和影视领域都取得了极佳的成绩，图书热销、电影热卖，和电视剧、游戏，甚至服装等领域的成功相辅相成，衍生出新的产业链，也带动了图书营销的新空间。

2010年，出版业还进行了一次大手笔尝试，在地铁投放广告。地铁移动电视《悦读时间》栏目，长时间介绍磨铁公司所出品的图书，凤凰联动在楼宇视频与地铁灯箱上大手笔同步投放广告，新经典文化同样在北京公交车站候车亭投放广告宣传村上春树新作《1Q84》。

2010年的出版业，各种新的营销理念和方法层出不穷，成为各大出版社争相创新的领域，促进了图书的销售。

十、出版专业学位

2010年1月，国务院学位委员会第27次会议审议通过了金融硕士等19种硕士专业学位设置方案，出版硕士专业学位名列其中，其设置方案明确规定：为适应我国出版事业发展对出版专门人才的迫切需求，完善出版人才培养体系，创新出版人才培养模式，提高出版人才培养质量，特设置出版硕士专业学位。出版硕士专业学位英文名称为“Master of Publishing”，简称MP。

这件事可以说是我国出版业发展和专业人才培养的一件具有突破意义的大事。首先，说明我国现代出版业的发展需要一批高层次、复合型、应用型出版专门人才已经成为共识，出版有学，而且是与新闻传播学、金融学同样重要的学科。出版学硕士学位得以单立门户，下一步是向一级学科迈进。

此前，编辑出版学这一学科一直未被国务院学位委员会列入《授予博士、硕士学位和培养研究生的学科、专业目录》之中，致使一些高校利用国家规定在一级学科授予权下可以自主设置博士、硕士研究生学科专业的政策，利用自己已有一级学科的优势，把编辑出版学专业挂靠在不同专业之下，有的在“图书馆、情报、档案学”一级学科下，有的在“新闻传播学”下，还有的列在历史学、法学、公共管理、中国语言文学，十分混乱，专业名称也极不统一。据不完全统计：到2010年6月，国内共有7所高校在8个办学点招收编辑出版学或类似专业的博士研究生，47所高校在54个办学点招收编辑出版学或类似专业硕士研究生。

2010年7月3日，编辑学会教育工作委员会召开会议，几十所高校的代表齐聚一堂，大声呼吁：我国高校中设置独立的出版学硕士、博士学位点以及把出版学设为一级学科的条件已经具备。北京大学、清华大学、南京大学、武汉大学、北京师范大学、南开大学、河南大学等高校的编辑出版学方向的研究生教育经过20多年的发展，已经形成了一定的规模，具有了一定的影响。这些高校都具有在相关专业下培养编辑出版学方向研究生的经验，无论在导师素质还是在课程设置上都能够胜任出版学研究生的培养工作。中国出版科学研究所以及各高校设立的出版研究机构，直接推动了出版研究的开展。这些都为出版学研究生的培养奠定了良好的社会基础。目前，存在的100余所编辑出版学本科办学点也迫切需要具有硕士和博士学位的专业教师，因此，无论是从出版产业发展和出版教育急需的角度，从与国际接轨的角度，还是从建设和谐社会与传承优秀文化的角度，把出版学研究生学位授权点设为一级学科已经成为当务之急。

2010年对于出版业来说，可谓收获颇丰、富于生机，但是繁荣背后也有隐忧，存在不少值得重视的问题。反响重大的“一号文件”目前只是原则大纲，若要真正起到指导实践的作用则还需要具体可行性方案；新闻出版产业报告虽然弥补了空白，但是行业统计数字口径不一的问题依然存在，数据的含金量和覆盖面还有待加强；大型出版集团的“双百亿”目标、“四跨”志向不减，但是普遍存在的“重数量”而不“重质量”的浮躁之风依然盛行；“出版强国”的战略目标虽已提出，但是差距的追赶远非几日之功；数字出版声势浩大，但是相当一部分出版社仍在观望，产业标准、版权问题、盈利模式不清晰，依然是困扰产业发展的瓶颈；出版技术日新月异、创新飞速，然而内容创新却日渐贫乏，出版作为文化产业的根本和核心竞争力必须得到捍卫；资本运作虽然给产业发展带来了无限可能，但是上市、融资的目的不甚明确，资源的不合理利用甚至浪费严重……中国出版业正处于激烈的动荡和洗牌期，所有的中国出版人在此时更应该直面问题，用更为强大的责任心和使命感，去追求更大的发展，推动中国出版早日进入“出版强国”的行列。

参考文献:

1. 2010中国书业大势大事[N]. 中国图书商报，2010年7月23日

2. 2010出版十大事件[N] 中华读书报，2010年12月29日

3. 2010年度新闻出版界十件大事[N]. 中国新闻出版报，2011年1月4日

4. 盘点2010中国出版业：年度关键词[N]. 中国新闻出版报，2010年12月13日

5. 盘点2010：年度事件[N] .中国新闻出版报，2010年12月13日

6. 2010年中国数字出版关键词盘点[EB/OL]. 2011年1月24日，http://news.10jqka.com.cn/field/20110124/521764213.shtml

2011年出版八大关键词解读[①]

2011年，是“十二五”开局之年，国家出台了《国民经济和社会发展第十二个五年规划纲要》和《新闻出版业“十二五”时期发展规划》，提出了新闻出版业总产出3万亿元的战略；2011年，中共中央十七届六中全会召开，“推动社会主义文化大发展大繁荣”成为文化出版产业发展的一剂强心剂；2011年，主题出版带动“红色阅读”，优秀的红色出版物献礼我党90周年和辛亥革命100周年；2011年，上百家新闻出版集团群雄逐鹿，三大中央级集团航母建设完成，出版集团资本运作初见成效；2011年，数字出版势不可当，出版企业结束观望，纷纷加入数字化战略转型的浪潮；2011年，教辅管理新政出台，而随之而来的争议也引人深思；2011年，当当、卓越、京东、苏宁等网店猛打价格战，实体书店遭受严重打击；2011年，出版产业的公共服务职能进一步体现，全国掀起“全民阅读”热潮……笔者尝试从以下八个方面，对2011年中国大陆出版情况进行梳理和解读。

一、明确发展规划，推动文化大繁荣大发展

2011年4月，新闻出版总署正式发布《新闻出版业“十二五”时期发展规划》，对今后五年新闻出版业的发展蓝图进行了总体布局。同年10月，党中央十七届六中全会召开，发布了《中共中央关于深化文化体制改革推动社会主义文化大发展大繁荣若干重大问题的决定》。

①本文与卞卓舟合作完成

《十二五规划》明确了新闻出版业发展的总体目标。到“十二五”期末，新闻出版业发展方式转变基本到位，新兴业态蓬勃发展，数字出版等战略性新兴产业领域的发展达到世界先进水平。新闻出版产品和服务更加丰富，公共服务能力和水平进一步提高。基本扭转新闻出版产品和服务的出口逆差状况，大幅度提升中华文化的国际传播力和影响力。基本形成以公有制为主体、多种所有制共同发展的产业格局，以民族文化为主导、吸收外来有益文化共同繁荣的开放格局。基本建立起统一开放、竞争有序、健康繁荣的现代出版物市场体系，以人为本、面向基层、惠及大众的新闻出版公共服务体系，技术先进、传输快捷、覆盖广泛的现代传播体系。

《规划》还提出，到“十二五”期末，实现全行业总产出29，400亿元，实现增加值8440亿元；“十二五”末，年图书出版总印数达到79.2亿册（张），实现人均年拥有图书5.8册、期刊3.1册，每千人拥有日报达到100份，国民综合阅读率达到80%，千人拥有出版物发行网点数0.13个。

“十七届六中全会精神”强调，当今世界正处在大发展大变革大调整时期，当代中国进入了全面建设小康社会的关键时期和深化改革开放、加快转变经济发展方式的攻坚时期，文化越来越成为民族凝聚力和创造力的重要源泉，越来越成为综合国力竞争的重要因素，越来越成为经济社会发展的重要支撑，丰富精神文化生活越来越成为我国人民的热切愿望。深入推进文化体制改革，促进文化事业全面繁荣和文化产业快速发展，关系全面建设小康社会奋斗目标的实现，关系中国特色社会主义事业总体布局，关系中华民族伟大复兴。我们一定要从战略高度深刻认识文化的重要地位和作用，以高度的责任感和紧迫感，顺应时代发展要求，深入推进文化体制改革，推动社会主义文化大发展大繁荣。

我国新闻出版行业的总产出超万亿元大关，年出书品种和总量居世界第一位，已经是当之无愧的出版大国，但是如何从“大国”变为“强国”?《十二五规划》和“十七届六中全会精神”，是“十二五”开局之年党和政府对文化产业注入的一剂强心剂，也给出了可行的路线图。其中，提出的“农家书屋工程”“全民阅读工程”“全国性出版物流体系”等实际问题，都从政策高度给出版产业发展带来了利好消息。

二、弘扬优良传统，带动“红色阅读”

2011年，是中国共产党成立90周年，也是辛亥革命100周年。国内出版界出版了大量相关红色图书。有关建党90周年红色图书的阅读，帮助了读者借此来回顾党的奋斗历史，弘扬党的优良传统。而辛亥革命这一大的主题也在当年被出版人挖掘到了极致。

中宣部和新闻出版总署向全社会推出200种反映中国共产党九十年光辉历程、有较高思想水平和艺术水平的优秀出版物。如《建党伟业》《苦难辉煌》等宏大叙事的史诗性作品；《遵义！遵义!》等展现共产党人艰苦奋斗的军事著作；美国著名学者罗斯·特里尔的《毛泽东传》。一系列红色图书的出版，引发“红色阅读”热潮。特别引人注目的是《中国共产党历史》第二卷的出版，该书记载的是从中华人民共和国成立到党的十一届三中全会召开约29年的历史。此书被中央正式批准编写是在1995年，历经16年编撰终于在2011年面世，全书既反映成就也正视历史错误，出版后即受到社会广泛关注。

2011年，还是辛亥革命百年纪念。据权威统计，全国约有100多家出版社策划纪念辛亥革命100周年的选题400余种。如中华书局出版的《中华民国史》、广东人民出版社的《辛亥革命与中华民族的觉醒》、人民出版社的《辛亥革命的前前后后》、中国人民大学出版社的《辛亥革命的影像记忆》、岳麓书社的《帝制的终结：简明辛亥革命史》、湖南人民出版社的《风雨欲来——重绘辛亥革命历史地图》等书，既有学术价值，亦有现实意义，受到市场欢迎。还有，《孙中山传》《1911》《辛亥风云录》等书，以作者独特的视角来解读辛亥革命这段历史，一经推出就受到了读者的追捧。

另外，国家图书馆出版社的《辛亥革命稀见文献汇编》、凤凰出版社的《南京临时政府遗存珍档》、江苏人民出版社的《辛亥革命江苏地区史料》、九州出版社的《辛亥革命历史档案》等书，更是对清末民初文献进行了汇编整理，其中不乏首度公开面世的珍贵资料，具有重要的研究价值。

三、出版航母实力雄厚，资本运作成效显著

2011年，江苏凤凰出版传媒实现A股上市，长江出版传媒集团、中原出版纷纷实现借壳上市，上海两强强强联合，三大国家级出版航母组建完毕。可以说，出版集团建设进入兼并重组、上市融资的关键时期。

6月3日，上海世纪出版集团、上海文艺出版集团宣布重组。世纪出版集团的资产规模将达到40亿元，成为国内出版业的“航母”级企业。尤其是，重组后的世纪出版集团旗下的出版单位数量、报刊拥有量位居全国第一。上海出版两强的这次重组说明，做强做大国有重点出版企业是未来出版业的长期趋势，这样的整合有利于出版企业整合出版资源，发展为跨地区、跨国界的出版集团。同时，这样的整合往往会为各大出版集团创造机遇，吸引资本的目光，推进上市工作。

10月24日，中国证监会发审委审核通过江苏凤凰出版传媒股份有限公司的首次公开发行（IPO）申请。11月30日，江苏凤凰出版传媒股份有限公司正式挂牌上交所，以2010年营业收入142亿元、总资产272亿元、净资产127亿元成为A股文化传媒板块规模最大的公司。11月22日，凤凰传媒进行网上申购，申购价为8.8元每股，对应发行后市盈率高达63.4倍，其发行市盈率创下2011年下半年以来的发行新高。凤凰传媒的高发行定价，也从另一个角度说明了市场和投资者对于文化产业未来的信心。

尤其值得一提的是，7月19日，中国科技出版传媒集团有限公司揭牌。至此，中国出版集团、中国教育出版传媒集团和中国科技出版传媒集团三大中央级出版集团航母成立，在一定程度上改变了中央级出版集团在经济规模上的弱势地位，改变了专业出版集团在国内出版格局中比较弱小的状况。

2011年，出版传媒集团面向资本市场不断拓展，提升资本运作能力，成为文化产业的重要战略投资者。其中，中国出版集团重组黄河出版集团并与光大集团签署战略合作协议，以实现强强合作；上海世纪出版集团主力开发了自创动漫形象品牌及其近3000种衍生产品，初步形成了动漫完整产业链；时代出版传媒在北京设立出版基地，力争未来形成主副媒体结合的新型子集团产业格局；中南出版传媒与华为技术有限公司、北京博集天卷图书发行有限公司签订战略合作协议，实现跨介质、跨所有制、跨地域合作的战略扩张；北方联合出版传媒加快资本与资源的联盟，筹备开发建设产业基地项目等重大产业项目均取得新的进展；广东省出版集团探索“全媒体”运营，推进“南方文化产业中心”建设，打造集图书、影视、文体、娱乐等多种文化要素于一体的综合平台。

然而，各大出版集团扩张式发展的隐忧也很明显。出版集团组建大都采取的是“政府主导型”的组建模式，这种模式行政推动不可或缺。尽管组建可以由政府推动，然而由“行政捏合”到真正意义上的资源优化重组，必须运用市场经济的手段。换言之，“集团化”还远未到庆功的时候，市场才是最终检验成效的标准。

四、数字出版成为大势所趋，出版企业加快战略转型

出版领域的最大热点无疑是数字技术的冲击与影响。2011年，出版企业充分意识到了数字化带来的机遇和挑战，纷纷投身到数字化转型的浪潮中。如果说前几年的出版企业还在“观望”，那么，2011年的出版者们已经开始“出击”了。

各大出版集团首当其冲，加快数字化战略转型。浙江出版联合集团2011年成立博库网络公司，重组改造博库书城网站，与中国移动浙江公司合作开通国内首个“移动书城”，共同打造移动电子商务的新平台；河北出版传媒集团投资10亿元、占地500亩的河北数字印刷产业园项目选址落实；陕西数字出版基地已涵盖移动互联网阅读业务、数字动漫、手机游戏、数字影视、数字网络教育、云出版等全方位数字业务。

一些实力雄厚的出版社也开始加速转型，趁势而上，向数字出版领域发起冲击。以全国规模最大的大学出版社外研社为例，2011年，外研社在数字化转型方面成果颇丰，其中仅面世两年的“外研通”点读笔销售近13万支，点读书销售码洋近亿元，成为了新的业务增长点；集外研社内容资源为一身的在线学习平台悠游网一年吸引用户累计37.7万人；外研社国际多语言公共服务平台入选新闻出版总署“十二五”重大发展项目库；新开发的协同翻译平台成功上线，目前已建立起了10个翻译基地，承担了数个大型专业翻译项目；同时，出版社的内容资源管理，在线词典的开发，词典编撰数字化等平台建设进一步推进，外语资源库、移动应用开发、手机阅读等项目进一步发展……外研社只是诸多尝试数字化业务的出版社中的一个代表，相信凭借优质的内容资源，出版社将在数字技术浪潮中有所作为，显露锋芒。

五、教辅管理出台新政，教辅维权引发热议

21世纪以来，大陆教辅市场一直处于竞争异常激烈的状态。全国580余家出版社中，约90%的出版社出版教辅。但在教辅零售市场和直销市场上，如志鸿教育、金星教育等上千家民营公司占据了90%以上的份额，大型民营教辅出版公司的规模甚至超过一些正规的出版社。由于大陆专有出版权政策，民营公司都采取与出版社“合作出版”。

教辅的市场需求量巨大，各方纷纷涌入这一市场来淘金，使得教辅乱象丛生。第一，教辅品种过多、质量良莠不齐，许多理念平庸、质量粗劣的教辅成为市场的负担。第二，在地方系统教辅征订过程中存在严重的地方保护和垄断倾向。第三，也是最为重要的一点，就是教辅产品的盗版侵权现象严重。2011年，人教社、外研社、北师大社等出版社纷纷加入到维权行动中，如金星教育与北师大出版社达成关于《教材全解》的合作协议；修远教育先后取得人民社《历史》教材独家配套教辅以及外研社《英语》配套教辅的授权。

正在教辅市场风起云涌之际，2011年8月17日，中国新闻出版总署印发了《关于进一步加强中小学教辅材料出版发行管理的通知》，从严格出版单位中小学教辅材料出版资质管理、印刷复制、发行管理、质量管理、价格管理、市场管理等六个方面明确了进一步加强中小学教辅材料出版环节的管理规范。11月，教育部出台了《关于治理教辅材料散滥的十条措施》，提出要严格教辅材料选用的“一教一辅”制度等办法。

一石激起千层浪，教辅类图书每年为出版行业带来几百亿的产值，这块大蛋糕怎么吃，由谁吃，业内人士期待主管部门为教材教辅市场的健康发展制定明确的规则。许多业内人士认为，关于严格教辅出版资质管理的建议，将是一把双刃剑，一方面能够借此机会维权重整市场，另一方面也有可能因为缺少市场竞争而不利于产品质量的提升，同时各地出版发行集团可能借教辅治理之机，加强地方垄断。总之，维权要警惕成为“泛化维权”，尽量通过合理授权等手段规范教辅市场。负责任的出版企业和民营公司，都应携手推动市场的公平与规范，尽量为读者保留优秀产品，这是社会读者的利益，也是行业存在的价值。

六、网络书店猛打价格战，书业生态陷入困境

正如诸多行业市场行为一样，图书行业的价格战硝烟四起。2011年5月16日，京东商城打出了“全部少儿图书四折封顶”的促销广告，引起少儿出版社的强烈不满。5月18日，《中国新闻出版报》和《北京日报》分别刊登《24家少儿出版社联合抵制京东低价促销》和《网上书店价格战惹恼出版商》的文章，指出京东商城、卓越、当当的打折行为“涉嫌不正当竞争”和“扰乱市场”。以中国少年儿童新闻出版总社、接力出版社为首的24家少儿出版社率先举起维权大旗，联合发表声明对京东商城的这一促销行为表示谴责。10月31日，苏宁易购图书频道正式上线，公布了被媒体认为是“电子商务促销史上力度罕见的开业方案”，即“0元售书72小时”活动，三天内预计让利幅度超过1000万元。

自此，网上书店新一轮的打折潮掀起：当当网打出了图书满100返200最高返400的降价旗号，京东商城开展其“六连发”的第三波，畅销书1～3折限时抢购等优惠活动。财大气粗的电子商务网站又一次掀起腥风血雨的图书价格战，使网上书店竞争白热化，多个出版商向网店提出抗议。

网络书店价格战，初看是对消费者的让利活动。然而，随着图书市场环境日益恶劣，最终受到损害的将会是读者的利益。首先，这种“压根不打算拿图书赚钱”的态度，无形之中更让图书在全社会公众眼中的价值贬损，破坏了图书业的生存环境。其次，中国的图书定价体系在近年遇到了前所未有的冲击，通过规定甚至法律进一步规范图书价格已迫在眉睫，尤其是应该规范折扣幅度并限制新书打折。业界人士指出，价格战作为一种市场手段，不能过度，各方都要恪守底线；其发起者和参与者应该对行业保持自律性，出版商、实体店、网店等要充分理解行业精神，努力共建良性生态圈。图书出版业急需塑造一种尊重文化、珍视文化的社会环境，让消费者知道舍“小利”而避“大害”，使价格战不再猖狂肆虐。

七、实体书店遭沉重打击，生存状态引人担忧

这几年来，民营实体书店倒闭的消息不绝于耳，在网上书店大打“价格战”、店面租金不断上涨、图书价格水平常年不变、数字化阅读风潮来袭等多方面的压力下，实体书店的倒闭似乎已经形成了一种趋势，这种趋势如果继续下去，可能在几年内就会让中国的民营实体书店凋零殆尽。

回首近些年的实体书店发展进程，风入松、上海季风书屋、北京第三极书局等一批知名书店的确出现自身经营问题。但是愈演愈烈的价格战挤压了实体书店微乎其微的利润。当音像店一家一家消失后，实体书店也开始步其后尘。2010年1月20日，全国最大的民营书店第三极书局停业；2011年7月，京城著名的人文社科类书店“风入松”濒临倒闭；8月，两家出版社为向“风入松”追讨书款，要求法院强制执行；2011年9月，广州仅余的两家三联书店宣布关门；而进入10月，中国民营书店的旗帜之一，号称拥有全国最大连锁渠道的民营连锁书店“光合作用书房”传出资金链断裂、拖欠货款的消息，其在北京的多家连锁店遭到“哄抢”，终于在11月也关张歇业，震惊了业界、学界和传媒界。

在2011年初的“两会”上，张抗抗委员提交了《建议政府扶持传统书店及纸质书业的提案》，认为政府应该在税收减免和城市规划等诸多方面对实体书店进行扶持，因为实体书店“不仅仅是个单纯卖书的地方，它还具有阅读导向、信息收集、塑造城市形象、陶冶公民情操、形成文化氛围等功能”。

当然，除了呼吁政府扶持外，实体书店还应该积极“自救”，面对来势汹汹的网络书店和日益普及的数字阅读，不论是独立书店还是连锁书店，为了生存，都不得不做出改变。摆在实体书店面前的应对措施无外乎三种：一是坚守纸质书销售，以自己的特色在激烈的竞争中生存；二是数字化转型，如美国巴诺书店积极探求电子书销售，实现出版商和读者的对接，但它同时也意味着门店的关闭和员工的离开，所以成为一个艰难的决定；三是变身综合零售商，打破传统书店的经营模式，如台湾诚品书店，同时经营文具、图书、报纸杂志等，成为文化类商品销售商而不仅仅是书商。另外，可以在店内设置咖啡馆、茶馆和小型演讲厅，通过组织文化活动、读书俱乐部和讲座等，让书店变成社区的文化中心，同时增加客流。

八、建公共服务体系，掀“全民阅读”热潮

近几年来，文化出版产业的“公共服务”职能成为关注热点，在刚刚结束的中共中央十七届六中全会上，“进一步加强文化产业的公共服务能力”就是“推动社会主义文化大发展大繁荣”重要精神中的重要部分，在《国民经济和社会发展第十二个五年规划纲要》和《新闻出版业“十二五”时期发展规划》中，都明确提出了“保障人民群众基本文化权益、倡导全社会形成读书风尚”的重要目标。2011年，在这样的舆论引导下，“全民阅读活动”在全国范围内如火如荼地展开，体现了新闻出版系统在提升国民阅读能力中所起的重要作用。

2011年，全民阅读在全国的推广力度和深度加强，全国有400多个城市开展了独具特色的读书节、读书月等活动，阅读正在成为许多城市的文化名片。例如，广东省启动了“书香岭南”全民阅读活动，除“南国书香节”“南方阅读盛典”等知名阅读品牌外，当年还举办了首届“农民读书节”；黑龙江省举办了“沐浴书香，传递文明”为主题的全民阅读活动暨“2011书香龙江”读书节，内容包括捐赠图书、图书展销、征文活动、知识竞赛等活动；第十二届深圳读书月启动，主题为“文化深圳，从阅读开始”，读书月包括42项重点主题活动和530项分布在全市各区、机关、企业、街道、学校等的各类读书活动……据不完全统计，全年约有1亿多读者直接参与到全民阅读中来，营造了良好的社会文化氛围。

在全民阅读活动中，出版界积极担当全民阅读推广者的角色。如三联书店在书店东南侧开辟了“书香巷”、三联读者俱乐部和折扣书店，进一步营造书店周边文化阅读氛围；外研社在北京启动了“书香使者”助学计划，组织了近50名志愿者将走进哈尔滨、大连、石家庄等20多个城市，为读者义务答疑解惑；“2011年全国大学生读书节系列活动之中国出版集团公司‘双推计划’书香校园活动”举行，携旗下出版社所签约的优秀作家、作者开展校园文化讲座。同时，数字阅读推广也被纳入阅读活动计划之中，创造性地开展读书微博大赛、手机数字阅读、悦读音乐、数字电视阅读、电子书屋等拓展体验活动，形成了新的阅读趋势。

2011年对于中国大陆出版业来说，可谓收获颇丰、富于生机，但是繁荣背后仍然存在不少问题。出版集团巨无霸们是否能够经受住市场的考验，并能否借资本之力反哺出版主业发展？出版企业传统业务的收入能否支撑数字化转型的巨大投入及其带来的巨大风险？教辅维权的良好初衷能否真正解决教辅侵权问题，民营出版又将何去何从？网络书店的价格战能否在不久的将来走上理性轨道，实体书店还能否迎来久违的春天？社会各界共同努力建立起的全民阅读氛围，能否继续保持并融入国民内化素质中去？可以说，产值超过1.5万亿的中国出版业，称得上是出版大国，但是我们迈向出版强国的路仍不平坦，仍然需要中国出版人直面问题、“修炼内功”，以求得创新、求得更大发展。

2012年出版十大关键词解读[①]

2012年的中国出版业，走过寒冬也收获过捷报，坚守着传承又不断创新。我们细数成绩，同时也提出问题。后转企时代，集团化、上市潮的优势及弊端日益凸显，企业内生发展的需求日趋紧迫；数字阅读市场风起云涌，成为出版产业中最活跃、最受瞩目的“话题明星”；三大电商，在疯狂的价格战役间隙，在一片热议声中，开始理性投身电子阅读和开放平台建设；民营书商卖书难、做书难，仅凭几百万拨款也许无法阻止冬天的到来；莫言得奖，为出版业注入一剂强心剂，但一个人救不了一个行业的道理，人人都懂；三联80周年、中华100年，中国出版文化精髓的代表，在风雨中砥砺前行；全民阅读的春风吹遍大江南北，而国民阅读率的提升尚待时日；教辅新政实施第一年，几家欢喜几家愁；可弯曲的阅读器、高辨识度的“人脸荐书机”、随处可见的云技术，当技术革新眼花缭乱之时，数字化产业转型的脉动日益清晰可辨；9月后，国家新闻出版总署在加强学术规范上连续打出重拳，为2013年的文化科技创新打下良好的基础。

一、“后”转企时代的道路选择

中国出版业，正进入“后转企改制时期”的“资本洗礼”时期，肩负转变发展方式和完成结构战略性调整的使命。可惜的是，经过十年的“集团化”风潮，至今没有真正造出一两个规模大到足以与国际

①本文与卞卓舟合作完成

出版巨头竞争的出版集团，各地出版集团的现状仍然是不大不小，近30个大都以省为名的出版集团，均衡没有打破，也没有实现“四跨”，就是所谓的中国、科学、教育三大出版集团公司与江苏凤凰、湖南的中南传媒相比也没显出明显优势。甚至各出版集团大都普遍存在着严重的地方保护主义，更阻碍了出版集团业务的多元化及战略联盟的形成。

转企后，成立集团后干什么？似乎大都忙于上市，似乎不上市就跟不上潮流。上市的主要目的是为了融资，但是若不了解自身的优势及核心竞争力，没有明确的发展目标，上市拿到了钱却不知道如何使用，反而大大地违背了上市的原意及损害了股东的权益。

现今某些出版产业集团的高层关注的焦点还在“GDP”“百分之五”“双百亿”等数字及财政创收目标，而较少考虑甚至忽略了出版行业的主要任务应该放在“如何创品牌”“出传世精品”上 。笔者认为，出版产业集团化的过程应“求真务实”，去除浮躁的态度，不玩弄概念。

如果说“转企改制”的推手是国家和政府的话，那么“后”转企时代的主角必须是企业自身。2012年8月29日，中央电视台13频道《新闻直播间》栏目对广西师范大学出版社转企改制的典型案例进行详细报道。从一个地方普通高校出版社，发展成为当今中国出版业百强、大学出版业十强和地方大学出版社领军企业，其发展模式被业界称为“广西师大出版社模式”。在各大出版社纷纷宣布“转企”成功之时，中国出版业急需更多的“广西师大社”，需要“后”转企时代真正的活力。

可喜的是，在日益激烈的竞争中，合作的意义被深化、凸显出来。3月1日，山东出版集团与山东移动通信公司实现联姻；4月，由中国电信江苏分公司与江苏凤凰出版传媒集团共同打造的中国电信江苏凤凰云计算中心项目建设启动；5月，中国出版集团、中原出版传媒集团、南方出版传媒公司、人民教育出版社、云南教育出版社等八家单位，与天朗时代科技有限公司签署MPR数字出版战略合作协议……更多的出版企业“打破边界”，打开了合作的大门。有业内人士认为，转企改制催生的最大活力，就是企业可以与民营资本对接，编辑可以竞聘上岗，这同时也为促进出版社跨地域、跨领域发展提供了良机。

二、数字阅读的生命力

2012年第三季度手机阅读客户端市场累计用户数已经达到4.14亿，数字阅读营收超过12亿元，这其中包括中国电信天翼阅读、新浪读书、盛大文学等多家行业公司推出的数字阅读业务。这是否意味着数字阅读用户的付费意愿正在加强，数字阅读盈利基础已经建立？

2012年，随着SNS、微博等新型网络社区的快速成长，社交成为移动互联网发展的趋势之一，豆瓣书友正在形成强大的小群体。2012年12月，外研社推出了以双语为主打特色的数字化社交阅读网站“爱洋葱”，从更加细分的市场去探索数字阅读的社交之路。这些探索将阅读与体验、分享与交流结合起来，既有出版“内容为王”的基因，又有互联网分享互动的基因，是否预示着数字出版的发展方向？

2012年，各种kindle入华的消息不胫而走，更有数个版本的kindle入华时间在网上悄然流传，而在年末亚马逊中国官网低调上线了“Kindle商店”类目。在此前，kindle刚刚宣布他们在英国的电子书销售量超越了实体书，在英国这样的“书店大国”做出这样的成绩显然令亚马逊惊叹，而这也似乎加大了他们开拓大中华市场的决心。国际大佬们纷纷入华，会为中国数字阅读市场掀起高潮，还是呈现打压之势？

2012年4月，杭州国家数字出版产业基地授牌仪式在浙江省人民大会堂举行，该基地包括八大功能园区。6月，陕西西安国家数字出版基地揭牌，该基地将重点发展手机出版、电子书、传统出版数字化、数字动漫与网络游戏等五大业务板块。自2008年首家国家级数字出版基地揭牌以来，已经形成了东西南北各地区9家国家级数字出版基地。一方面，通过基地方式推动行业发展，可以提供政策及配套上的优惠，也利于监管与联络。然而另一方面，庞大的基地面积、求大求全的业务布局，是否适应中小型数字企业的发展规律，是否会造就数字阅读领域某种程度的“虚假繁荣”?

这一年，中国数字阅读市场发生了很多大大小小的事件，也留下了许多有待观察和解决的问题。不管有多少成绩和问题并存，数字阅读都是出版产业中最活跃、最受瞩目的“话题明星”，而这也正是数字阅读的生命力所在。

三、教辅新政下的市场洗牌

2012年2月底，教育部、新闻出版总署、国家发展改革委员会、国务院纠风办联合下发了《关于加强中小学教辅材料使用管理工作的通知》，要求各地市教材选用委员会应根据当地教育实际和教科书使用情况，按照教科书选用的程序，从本省教辅材料评议公告中，一个学科每个版本选择一套教辅材料，推荐给本地区学校供学生选用。4月，发改委、新闻出版总署、教育部联合印发《关于加强中小学教辅材料价格监管的通知》，规定从2012年秋季学期开始，对中小学生使用的主要教辅材料实行政府指导价管理，大幅降低价格标准，减轻学生教辅材料经济负担。

教辅新政实施第一年，我们首先看到的是市场走向规范的正面声音。新政为出版社理性出版、公平公正竞争及规范市场提供了平台。目前，教辅出版最大的问题是门槛过低、产品泛滥、鱼龙混杂，低端产品胡编乱造。“剪刀+糨糊”导致劣质产品销售总量不小，甚至高于正规产品，还滋生了教育腐败。教辅新政对教辅市场乱象实施了治理和进一步规范。这些从政府层面上做出的管理办法，针对教辅出版的治散治滥、打盗打非起到了重要作用；在引导教辅市场从无序走向有序，扭转教辅出版发行的混乱局面上，取得了比较明显的效果。

然而，随着两个《通知》的出台，之前关于在教辅新政影响下“国进民退”的预测正成为现实，绝大部分民营教辅公司的业绩都有不同程度下滑，甚至有出现下降40%～50%的情况。对此，江西金太阳教育研究有限公司、北京曲一线图书策划有限公司等在内的民营教辅企业纷纷表示教辅新政下的民营教辅处境尴尬：在地方出版集团与教材出版社的夹缝中，生存空间被不断压小。

对于将教辅作为核心业务的很多民营书企来说，将面临产品被淘汰的危机，公司业务急需转型。一些实力较强的民营企业如志鸿教育、金星教育等纷纷与教材出版社结成了联盟。前不久，外研社就高调成立了王金战工作室，向民营教辅出版商抛出了橄榄枝。志鸿教育任志鸿则认为，对教辅书企而言，提升企业区域市场的运作能力和市场经营精耕细作的能力，应提到议事日程上来。

2012年，仅仅是教辅新政实施的第一年，对未来走势研判仍为时过早。这些政策要持续推进，还要继续打组合拳，出版行政管理部门应对出版活动进行常态性监督。教辅行业整顿不是一个部门的事情，教育、物价等多个主管部门都要参与进来，努力营造有助于教辅优质有序出版的良好生态。“后新政时代”，是考验多方智慧的时候。

四、电商之争趋向理性

时值年底，许多出版社晒出成绩单。不难发现，电子商务、网络书店的图书销售额占据出版社业绩的比重正在逐年攀升，并以近50%的增速不断上涨。很多出版从业者声称，放弃电商，无疑是放弃未来。在这个依旧铺货为王的传统出版业，电商的强势渠道地位，使得出版社无法拒绝合作邀约，同时也不得不接受电商提出的种种霸王条款。

“满×××减×××”，笔者的手机几乎每周都能收到当当、卓越、京东等电商发出的返利广告；2012年12月12日，当当网“双十二”终极大促销，诸多图书以白菜价贱卖，一箱书也不过百元钱；2012年10月22日，4家不参加促销活动的图书供应商的图书被当当网宣布下架……电商价格战的疯狂，让利润微薄的图书出版业更添无奈，长此以往，产业链的脆弱也必将使得终端读者蒙受间接损失。

然而，经历了2011年石破天惊的价格大战之后，读者们似乎已能够更加理性地看待价格诱惑，而电商之争也从单一的价格大战走向更复杂的竞争层面。开放平台、用户体验、电子书版权，各大电商开始忖度理性竞争的可能性。

2011年年底，当当电子书平台“当当数字馆”上线；2012年2月，京东在北京召开新闻发布会，宣布启动电子书刊业务；11月14日，苏宁易购也上线电子书项目，号称与近1000家出版社和原创文学网站建立了合作关系……然而电商电子书平台多少都有些“为了上线而上线”的仓促之感，在界面设计、购买通道、技术把关等方面都存在很大的问题，新产品推出后频频遭遇滑铁卢。更不用说当亚马逊的Kindle电子书店低调上线之后，将给电子书市场带来怎样一场腥风血雨。

尽管还有很长的路要走，但是强势电商着眼电子书发展，耐心培育市场、放长线钓大鱼的做法，相比其一味拼价格的举动而言，不得不说是其“疯狂中的一丝理性”。

五、民营书业何去何从

北京第三极书局、风入松、光合作用、上海万象书店、成都时间简史书坊等等曾经令人向往的民营书店相继离开，一大批因理想而坚持着的书业人感受到了阵阵寒意。

在各方关注中，多个地方政府率先伸出援手。2月底，上海市政府从新闻出版专项资金中划拨500万元用于定向支持各类实体书店；杭州市也出台《关于扶持民营书店健康发展的暂行办法》，规定每年安排300万元专项资金，以资助、贴息和奖励等方式扶持杭州民营书店的发展，表明了杭州政府希望保护文化生态的意愿。

更多的民营“做书人”也似乎看到了曙光。行业反馈显示，全国出版业内的民营图书策划公司已达1万多家，通过在选题策划上与出版社合作，民营图书策划公司出版的图书已占全国图书市场半壁江山。2012年7月，新闻出版总署出台了《关于支持民间资本参与出版经营活动的实施细则》，首次提出要支持民间资本参与“走出去”出版经营，“继续向民间资本开放出版业”的信号提振了民营企业的发展信心。

然而，寒意里偶有的丝丝温暖能否持续？晓风书屋店主朱钰芳对媒体所说：“300万的性质和救济金没什么区别，对于书店来说，靠救济金活下去是不现实的。”鼓励民间资本开放的《细则》究竟能落实到哪些层面，究竟能惠及多大范围的民营书业，还有待观察。作家张抗抗在2012年两会上提交《建议政府对实体书店的生存与发展加大政策性支持》的提案，提出返税、城市规划以及建议政府设立图书公益基金等办法，不失为许多民营书业人的心声。

8月底，北京时代华语股份公司在美国投资的全资出版公司CN TIMES INC挂牌，首批投资100万美元，计划每年出版100本中国版权图书，为中华文化走出去和中国作品走向全球做出努力。希望这样的好消息，能够越来越多。

六、莫言获奖之于中国出版

“莫言得奖了，出版业火了”“莫言给出版业注入一剂强心剂”“莫言给出版业带来的需求才刚刚开始”……莫言和诺奖，似乎成为了一阵东风，刮得出版人们心花怒放，的确在出版界引发了一系列的连锁反应。

首先，消费者对其作品的购买如山洪一样爆发。各大网上书店无一例外皆打出“莫言牌”，据媒体统计，莫言图书价格涨幅近两成，亚马逊的莫言图书涨价比例是37%，当当网为32%，京东更是高达79%。即便如此，一书难求的局面依然存在，缺货通告接连出现。在诺奖宣布后的一个星期里，当当网每天有接近一万册的莫言作品被预售出去。10月11日，北京王府井图书大厦就已经安装好莫言作品专柜。截至10月16日，北京图书大厦的莫言大部分作品已经售罄。

尽管莫言本人相信这种热度终会退去，但对于出版界来说，诺贝尔文学奖确实让更多的纯文学图书走进人们的视野，让沉寂许久的纯文学图书重新“热闹”起来。北京经典博维文化发展公司负责人之一史翔，冷静地直接从市场销售上谈到，莫言获诺奖已经对出版业形成了一段时间的刺激，比如，卖场销量上涨、网络阅读量上浮、书店人流量增长等。同时，与此相关的印刷业、造纸业、物流业被拉动。“但这种畸形的畅销会逐渐趋于平淡。不可能指望一个人拯救一个行业。”

热闹总是一时的。不论借的是诺奖还是影视的“东风”，出版界练好内功，出版更多的优质书籍、介绍优秀的中国文化，方能将热销变为常销。如何将公众对莫言作品的热情引向对当代文学作品乃至文学图书的关注，让更多人对文学图书的态度从赶时髦到培养为长期爱好，成为待解的难题。

七、两社周年庆忆经典品牌

2012年，两家有着深远历史和传统文化力量的出版社，迎来了各自的周年生日。生活·读书·新知三联书店诞生80周年，2012年中华书局创设100周年。笔者所在的北大现代出版研究所，也有幸承担了两社的社史编纂工作。参与课题的老师和同学们，都对其代表的中国出版文化底蕴深感敬意。

生活·读书·新知三联书店发端于1932年创办的生活书店，经历了“红色出版”“学术出版”和“学术文化出版”三个时期。从出版进步书籍、宣传先进思想、推进民族解放到成为学术文化出版重镇，三联推出了许多优秀出版物，孕育了独特的人文气息。

纪念是为过去的成就，更是为未来的前进。中国文化要在传承中发展。余英时说:“中国文化传统之所以危而未倾，中华书局在以往百年中之努力与有功焉。”杨绛说:“生活书店仿佛就是我们的精神家园。”

1912年成立的中华书局，到2012年也迎来了百年诞辰。创始人陆费逵所说“默察时局，眷怀宗国，隐痛在心”仍在耳畔，中华书局的奉献与敬业精神，使其铸成十年一剑之《辞海》，数十年成就之标点本《二十四史》。几近偏执的精品意识和视质量为生命的出版理念，培育出学术文化界独一无二的“中华情结”。

3月和7月，时任中共中央总书记、国家主席、中央军委主席胡锦涛分别致信中华书局和三联书店，向全体员工和离退休老同志表示热烈的祝贺和诚挚的问候。

纵观三联书店和中华书局，之所以屹立不倒，老树长青，皆在于对出版品牌核心价值的坚持。三联书店的人文社科类图书，中华书局的古籍类经典，在读者心中成为金字招牌。而这金字招牌需要一代又一代出版人悉心维护，更需要掌舵者抛却短线利益，忘记眼前诱惑，把目光放长远，以百年老店的标准来考虑每一个经营决定，让百年老店的品牌不负盛名。

中华书局创办人陆费逵曾说:“我们书业虽然是较小的行业，但是与国家社会的关系，却比任何行业都大些。”《人民日报》中的一句话说得好:“愿这个‘比任何行业都大些’的行业有更加辉煌的下一个

80年、100年。”

八、全民阅读面面观

“全民阅读”工程已经开展多年，2012年是其辐射面扩大、活动更丰富的一年。

1月初，中宣部、新闻出版总署联合组织出版发行单位开展“好书刊进基层”活动。由新闻出版总署组织评选出“大众喜爱的50种图书”。两会期间，全国政协委员聂震宁联名13位委员，提出了《关于将城市阅读指数纳入文明城市指标体系的建议》。11月1日，第十三届深圳读书月开幕，“让城市因读书而受人尊重”成为深圳最有影响力的观念之一。11月13日，江苏省张家港市发布全国首个“书香城市”建设指标评价体系。同月，湖南省第二次公布了“城市阅读指数”。

3月，北京市评选出50个最具影响力和感染力的“书香家庭”；天津市举办“十佳书香家庭”“十大藏书家”“十佳特色藏书人”评选活动。据《中国新闻出版报》4月23日推出的全民阅读特刊《书海领航——全国百家读书媒体首次全展示》刊载，全国开设读书版（读书周刊）的报纸150家，广播电台9家，电视台6家，此外几乎所有的门户网站都有自己的读书频道。4月23日，《人民日报》将“让读书成为干部第一爱好”作为2012年的世界读书日主题，中央人民广播电台《文艺之声》组织策划了两场别致的读书会，新闻出版总署与中央电视台联合举办了“2012书香中国”全民阅读活动晚会……

4月9日，2012年“书香荆楚·文化湖北”全民读书月活动在武汉启动；4月北京阅读季、上海读书节，8月南国书香节，9月福建“书香八闽”全民读书月，11月深圳读书月、厦门书香鹭岛活动月等。这些各具特色的读书节、读书月，改变着每座城市里人们的生活环境与生活质量。

与此同时，中国国民阅读也暴露出一些亟待重视的问题。根据中国新闻出版研究院全国国民阅读调查课题组的研究，2011年中国国民图书阅读率为53.9%，较上年增加了1.6个百分点，连续第四年增长。尽管这是一个好消息，但历史资料也表明，从1999年到2005年，国民阅读率从60.4%下降到了48.7%。也就是说，2011年的国民阅读率远低于12年前的上世纪末。根据第九次全国国民阅读调查数据，在阅读数量上，2011年我国18~70周岁国民人均阅读传统纸质图书4.35本，2010年的调查结果是4.25本，2009年是3.88本，2008年是4.75本，总的趋势是在徘徊波动中趋稳。

书事可为，阅读可期，民气可用。有品质的阅读生活是有价值的出版的原动力，而阅读的价值在很大的程度上是由出版的价值所主导和决定的。在推动全民阅读的浪潮中，出版界应该有所作为，倘能用有良心的出版和有品质的出版打动读者、带动读者，那么，阅读的春天将不再遥远。

九、技术革新带来的可能性

技术，每天都在更新，紧扣着出版产业转型的脉动。

在2012年的香港书展上，一家“未来书店”吸引了大量读者驻足。在这个“未来阅读体验区”，有“虚拟店长”，更有一个电子“人脸荐书”机：靠面部摄影扫描判定读者年龄、性别、性格，为之推荐相关书籍。这个“人脸荐书”机，摄影选取人脸上16个定点识别区域，在数秒内搜集到年龄、性别、性格数据，分为“快乐跳脱”“前卫创新”等8种类型，预测、甄选适合书籍。

目前，中国最大的数字出版云计算中心已在天津国家数字出版基地正式上线运营，北大方正、同方知网等多家公司也及时提出了云出版解决方案。中国移动、中国电信和中国联通三大运营商基于移动阅读终端的数字内容分销平台已经初具规模，当当、京东等电子商务平台纷纷布局数字出版分销平台。数字阅读终端已突破了PDA、台式计算机、笔记本电脑和普通手机作为终端的格局，电子阅读器、智能手机、平板电脑等进一步丰富了读者的选择。

2012年3月，中国移动宣布将在国内7个城市筹建4G网络，3月30日，杭州成为第一个4G网络试点城市。据悉，4G的网速是3G的10～20倍，4G网络下载一部2.8G的大英百科全书只需要8分钟。4G在2012年到来，赋予数字出版更多的想象。大网速传送的内容将会获得更好的用户体验，为数字内容的深化开发与推广提供了支持。

还有那些可以让盲人“看”得到的盲文、那些可弯曲的阅读器，那个“星际迷航”的指挥室代替了以往粉笔屑纷飞的教室……数字技术的发展极大地改变了我们的阅读生活，也为出版产业的数字化转型开启了种种多样化的可能。出版从业者必须行动起来，去拥抱、适应，甚至把握这种可能，而不是被动地接受、调整和妥协。

十、学术出版物规范化

随着排版印刷技术的飞速发展，出版一本书越来越容易，但是，近年来许多根本没有达到出版标准的书，也堂而皇之地出版了，作者因此而获得晋升学位、职称、奖励等荣誉。一本出版物，没有封面、扉页、内容摘要、目录、版权页、条形码、国际书号等附件是残次品，质量检查时要扣分。事实上，这些条件齐全的是少数，我们在工具书编校质量检查评比时，版权页上的在版编目，能得满分的不到20%。作为学术著作，没有注释、索引和参考文献，也是大的残缺。以前也是听之任之，见怪不怪。美国学者H. Binney曾说“有价值之书籍而无索引，则其为用，消失一半”。因为索引与图书的正文紧密相关，就像是人体内的骨肉和血液的关系，不可或缺，相互依存。

学术著作，本来要有创新内容才能出版。任何创新都是对前人成果的继承和发展，前人做了哪些工作？本人在哪些方面有所发展？创新点在什么地方？应该在学术论著中交代清楚。不论是什么学科都有个来龙去脉，书一打开都能找到，通过书后参考文献和索引也能查清楚，这是实事求是的表现，读者使用起来特别便捷。然而，打开我们出版的书，能做到这样的还不到5%。

2012年9月，国家新闻出版总署终于向这一现象亮出红牌，向全国出版界下发了《关于进一步加强学术著作出版规范的通知》（以下简称《通知》），其中强调，引文、注释、参考文献、索引等是学术著作不可或缺的重要组成部分，必须加强出版规范，严格执行国家相关标准。学术译著应尊重原作者研究成果，力求准确完整，不应随意删改原著的引文、注释、参考文献、索引等内容。并规定今后学术著作出版规范的执行情况会作为中国出版政府奖评奖、国家级优秀图书推荐、国家重大出版项目和国家出版基金申报与验收以及出版单位年检、等级评估等工作的重要条件。

《通知》发出后，得到整个出版界的积极响应。天津、山西、四川等地出版局在转发总署《通知》的同时，做出相应的决定和贯彻执行措施。10月31日，来自人民出版社、商务印书馆、三联书店、科学出版社、浙江大学出版社、社会科学文献出版社、中信出版社等70余家出版社在京签署倡议书，呼吁出版界进一步提高学术著作出版“门槛”。我们期待这一良好的势头在2013年逐步推广开来，与国际接轨并开花结果，为文化建设和科学创新做出切实应有的贡献。

（原标题为《回望与反思：2012书业九大关键词》，编辑之友，2013年第2期）

2013年出版十大关键词解读[1]

2013年的中国出版业，有自上而下的政策调整，也有自下而上的尝试探索。坚守传承、又不断创新，有成绩、也有问题。原新闻出版总署和广电总局合并，组建新闻出版广电总局，管理改革的步伐加大；大数据时代，如何真正规范、利用好数据的力量，成为出版业思考的问题；全民阅读进入立法阶段，掀起书香社会建设的又一轮高潮；出版人才培养进入高端化，校企合作培养复合型人才成趋势；国家级数字出版基地建满10家，“聚集效应”能否真正发挥作用还有待观察；少儿出版涨势喜人，更有首家少儿出版集团成立；自媒体出版成风，赢利模式进入探索期；电子书业务成为电商角逐新战场，出版社反响积极；出版集团资源整合力度加大，“三跨”“五跨”不再难；作家稿酬提高成大势所趋，为文化创新和内容创新打下基础。

一、大部制改革，走向“全媒体”管理

改革开放以来，我国政府的机构改革已经进行过六轮。新闻出版总署1949年以来共进行过8次调整，2013年3月10日，中国新一轮机构改革启动，国务院除办公厅外，组成部门减至25个。在出版传媒界引发关注的是将原新闻出版总署和原国家广播电影电视总局合并，组建国家新闻出版广电总局。其管辖对象涵盖图书、报纸、期刊、广播、电视、电影等六大行业，囊括了所有传统主流传媒业，也涉及部

①本文与卞卓舟合作完成

分互联网业务，实现了全媒体覆盖，其管理业务遍及全部传媒产业链。这是1982年以来我国中央新闻传媒管理部门调整力度最大的一次改革。

国家新闻出版与广播电影电视功能的合并，是一次跨界合并。其实，这种跨界合作在基层单位已有实践，2004年，黑龙江省牡丹江报业集团与牡丹江广电集团就合并组建全国首家集报刊、广电、网络于一体的牡丹江新闻传媒集团。随后，多地有类似实践，“合并”是大势所趋。

同时，这次公布的新闻出版广电总局“三定”方案明确，将取消职责20项，涉及出版领域13项、广电领域7项，削减数量为本轮改革6部门之最。其中，仅取消的行政审批项目就达14项，另有6项下放给社会组织。这使得“合并”的意义凸显，即为了发展、繁荣和创新，不是为了官、管、关。

国家崛起与传媒发展是相互促进的，就全球范围看，我国新闻媒体在很大程度上还偏居一隅。国家新闻出版广电总局的成立，为建立全球化的网络传播渠道提供了可能。当然，打造有国际影响力的传媒集团、赢得国际舆论话语权不能仅靠渠道，而是要更多地考虑发挥每个人的创意、技巧和才华，通过知识产权的开发和运用，能够创造精神财富和物质财富，这是管理和改革的根本所在。

二、出版大数据，出版转型又一“推手”

移动互联网、物联网和云计算的技术发展催生了大数据的产生。2013年3月，全国政协委员、中国出版协会常务副理事长邬书林在京会见来华访问的国际出版商协会主席励德·爱思唯尔集团全球政府关系总裁池永硕时，就将大数据时代如何加快出版转型作为了主要讨论话题。出版行业的大数据应用也随着与电商的合作、互联网的销售推广以及对受众阅读行为的分析而逐步深入。

然而，不少出版人担忧，出版业在数据收集这一环节存在诸多问题：如“买榜”现象、财政数据不公开、数据格式混乱、各平台对接困难等。8月26日，《中国出版物在线信息交换》行业标准在京正式发布，这也是我国发布的首个出版物信息交换行业标准。此举将统一我国出版物数据交换格式，为建设跨语种、跨媒体、跨区域的开放式出版物流通信息平台奠定基础，也为进一步促进出版物国内外贸易打通信息通道。该标准由全国出版物发行标准化技术委员会组织业内多家大型出版发行单位历时3年时间编制完成。

一个标准的出台，是国家规范数据、利用数据的利好信号，然而无法解决长期制约出版业发展的信息不畅问题。一方面，该标准的应用推广将是一项复杂的基础设施工程，将涉及整个出版产业链信息平台的升级改造。另一方面，在数据驱动的智能时代，我们需要一股自上而下的力量。政府、行业组织及大型出版集团需要建立数据平台，进行数据标准化处理。只有这样，再辅以政府力量，才能真正推动数据的客观化和透明化，发挥“出版大数据”的真正力量。

三、全民阅读立法，阅读推广活动蓬勃开展

2013年，国家将全民阅读立法列入工作计划。当年3月底，国家新闻出版广电总局专门成立了全民阅读立法起草工作小组，草拟了条例初稿。下一步，国家新闻出版广电总局还将通过征求部委意见、网上公开征求意见、地方调研等多种方式，广泛听取各界意见，继续修改完善。而在2013年全国两会期间，115位政协委员联名签署了《关于制定实施国家全民阅读战略的提案》，建议政府立法保障阅读、设立专门机构推动阅读，引起媒体和社会各界的广泛关注。

政协委员和社会各界都为全民阅读献计献策。比如，成立国家全民阅读指导委员会、建立长效机制、设立国家全民阅读节、制定全民阅读规划、建立国家阅读基金、把城市阅读指数纳入文明城市指标体系等等。目前，全国已有400多个城市开展了各具特色的读书节、读书周、读书月等活动。全民阅读事业正在蓬勃发展。

2013年，有一部由湖北新闻出版广电局组织摄制的名为《阅读的力量》的电视纪录片也在紧锣密鼓的筹备当中。推出后必将引起广大观众的关注并推动全民阅读的进一步发展。4月23日世界读书日晚上，国家新闻出版广电总局与湖南电视台又推出一台精彩的读书晚会；一个评选一千户“读书之家”的活动也正在神州大地展开。深圳这个只有30多岁的年轻城市在10月，被联合国教科文组织授予“全球全民阅读典范城市”称号，该城市也是世界上唯一获此殊荣的城市。原因就是深圳每年11月举办公益性读书月活动，已经坚持十四年之久，并对一个城市经济实力和文化软实力的增强产生直接影响。据统计，深圳人均购书量连续二十三年位列全国第一名；近年文化创意产业年均增长百分之二十五；“让城市因热爱读书而受人尊重”，已经成为深圳人十大观念之一。

出版企业更是在全民阅读浪潮中扮演了重要的助推角色。2013年，外研社架构了以“阅读季”为品牌，以启蒙阅读、分级阅读、通识阅读和专业阅读为阶段，以数字、双语和无障碍为特色的阅读开发、服务和营销体系，一年开展阅读推广活动多达数百场，并承办了首届北京惠民文化消费季阅读板块活动——北京家庭阅读季，通过96场内容丰富多彩、群众喜闻乐见的阅读体验、讲座、活动以及展览，得到北京市、海淀区政府和社会各界的好评。

四、出版高端人才培养，高校义不容辞

随着数字出版产业的不断发展和深化，对出版业现有人才的年龄结构、学历结构和知识结构等方面都提出了更高的要求，不仅需要数字出版的操作型人才，更加需要了解行业、熟悉技术、引领创新的高端人才。

如何培养适应数字出版的复合型高素质创新人才，既是出版界也是教育界一直关注的重要问题。据了解，目前北京大学、武汉大学、北京印刷学院等全国100多所院校已开设了有关数字出版的专业方向和相关课程，约40所院校开设了电子出版、数字传媒、多媒体出版等数字出版教育课程，形成了一定的教育规模。同时，约30所院校设立了数字出版课程。

通过调研统计，当前我国共有60多所高校开设编辑出版学硕士专业，近两年新增20个硕士学位点，将近22个高校设置了35个数字出版博士学位点。以2012年新闻传播学学科评估的高校排名来看，参加排名的学校中，具有“博士一级”授权的单位共6个，本次参评6个；具有“博士点”授权的单位共8个，本次参评5个；还有12个具有“硕士一级”授权和8个具有“硕士点”授权的单位。这些高校结合自身学科优势，纷纷设立了数字出版相关专业方向和专业课程，涵盖管理、技术、编辑出版、营销策划等多个方向和专业，数字出版高端学历教育体系基本形成。

同时，为了更好的发展出版产业，当前很多出版传媒集团与国内著名高校结合，设立了博士后流动站。如中南出版传媒集团和北京大学新闻与传播学院建立的面向新媒体高端人才的博士后培养流动站，招生面向业内复合型的出版人才；江苏凤凰出版集团、安徽出版传媒集团建立的博士后培养机制，面向新媒体和出版领域的计算机应用前沿进行人才培养。

五、数字出版基地落户各地，聚群成效喜忧参半

截至2013年，全国已有10家国家级数字出版基地落户各地。按照新闻出版总署的规划，“十二五”期间将在全国布局建设8~10个国家级数字出版基地。2008年新闻出版总署将第1块国家级数字出版基地牌子授予上海张江国家数字出版基地，2011年批准建立了第9个国家级数字出版基地——江苏国家数字出版基地；之后，北京、辽宁、吉林、四川、广西、河南、安徽等多个省市先后向总署递交申请。而后，总署批准同意安徽省建立安徽国家数字出版基地。

作为新闻出版总署推进新闻出版产业发展的重要抓手，基地建设集中优质资源、优势企业，以新技术、新方式形成产业集群从而带动产业整体发展。事实证明，以这种创新模式推进产业发展的成效已初步显现，目前已建立的国家数字出版基地运行良好，部分国家数字出版基地总产出已经超过百亿元。作为首家获批的国家级数字出版基地，上海张江数字出版基地的探索较为领先。如“国家复合出版工程”“第三代电子书数字内容投送平台‘新华e店’”“辞海天下”“云中书城”等数字出版项目都在政府的支持下向前推进。

然而，对于数字出版基地的群聚效应，业界仍有不同看法。有观点认为，传统生产方式比较看重群聚效应，但数字出版本身是网络，汇聚作用对企业本身并不明显。数字出版基地对进驻企业的最大作用无非有二：1. 政策上的倾斜，税收上给企业的优惠；2. 同类型企业在一起，政府会优先考虑。数字出版基地能否在真正意义上激活生产力和创造力，还是需要做好内容，通过“数字出版”这个渠道概念，将更多的精品内容，实现更大面积的覆盖，影响更多受众。

六、首家少儿出版集团成立，或引发新一轮洗牌

近年来，出版产业各板块中势头最猛的莫过于少儿出版，连续数年增长都超过两位数，2013年也持续保持增长态势。业内人士纷纷表示，在未来，不仅新华书店等实体书店的销售有望保持增长，当当网等网络书店有望继续保持两位数以上的较大幅度增长，特种渠道（机场、超市、高铁等渠道）也可能会保持增长。

在这一市场环境下，8月，长江出版传媒公告，公司组建“长江少年儿童出版集团”已获相关部门批复同意，该集团也将成为国内首家少儿类出版集团。长江少儿集团将以湖北少年儿童出版社为核心，以海豚传媒等6家公司为成员单位，业务囊括了少儿类文化创意、数字出版、图书出版、教育培训、动漫开发等五大板块。8月16日，长江传媒股票涨停。

据长江传媒相关负责人介绍，随着少儿社的不断发展，原有的出版社架构已不能承载企业多元发展业态，而相关产业项目已完成储备，成立集团的条件已成熟，此次整合有助于提高公司盈利能力，实现规模效应、协同效应。目前，该公司少儿板块拥有《猫和老鼠》《蜘蛛侠》《钢铁侠》等10多个国际品牌的国内代理权，国内优势资源也集中，以期通过集团化运作增强对渠道的影响力和掌控力。

业内人士评论说，集团化对少儿出版的意义毋庸置疑：集团化有利于长远规划，有利于大项目的投入，有利于单一出版社规避风险，但集团化不应只是一个标签，集团化也不可能包治百病。集团化不在于“大”，而在于“专”。只有专的集团，才能更有效地集聚人力、物力和财力，集聚发展的动力和能量。不难想象，未来几年，会有更多少儿出版集团出现，强强联手、做大做强的好戏将不断上演，而少儿出版集团的集结势必将导致少儿出版市场的新一轮洗牌。

七、自媒体出版应运而生，盈利和收费潜力巨大

移动终端迎来了前所未有的发展机遇，其潜在的巨大市场空间被逐渐释放，这两年更是成为资本市场最热门的投资重点之一。移动终端的普及促进了阅读方式，更改变了阅读方式。特别是“自媒体”，已开始悄然影响传统出版生态，出版社依托“自媒体”寻觅着选题、作者、译者等资源，并以“自媒体”为平台部署自身的独特的营销渠道；更多普通人也因为“自媒体”而受到策划编辑、出版社的青睐，一跃而成职业出版人。

在2013年2月中旬，豆瓣用户兼豆瓣阅读作者丁小云的“自媒体”获益在网络曝光，其两部作品累计销售量16,624部，累计销售额54,970.48元，成为正职之外可观的收入来源。仅仅不到两年时间，借助豆瓣日记、豆瓣小组等“自媒体”而步入作者行列进而出版纸质图书的案例并不少见，如北京大学出版社的《夜话港乐》（何言著）、清华大学出版社的《葛原与春时》（苏枕书著）等等，其中不乏大社名社，选题内容涉及图画绘本、两性情感、散文杂记，已然形成了一股“自媒体”红人出书的潮流。

利用微信等自媒体进行营销推广，更是目前出版界惯用的手法。8月初，《盗墓笔记》作者南派三叔公众账号推出会员方案，通过淘宝、微信支付销售会员卡，让会员拥有买书、看书等特权。截至9月25日，三叔读者俱乐部会员卡已销出400多张，自媒体的收费项目也有潜力可挖。接下来，完全可以想象，更多基于微信的微信小说、微信视频、微信电影等等，都将应时而生，并获得巨大的发展空间。

八、电商发力电子书业务，市场乱象仍需规范

继涉足在线旅游、售车等业务后，2013年的京东高调宣布其电子书业务上线。在“电子书刊”频道正式上线的同时，京东商城同时推出了智能手机/PC阅读客户端软件。京东商城首期共上线8万种正版图书，预计到年底，电子书刊数量将达到30万种。数据显示，2013年3月，京东商城电子书业务累计用户数量达到500万，日均页面浏览量过百万，毛利率达到35%，远远高于3C数码及家电。与此同时，当当网对电子书业务平台进行升级，将其平台更名为“数字馆”，并进行大规模扩容。手持阅读器的发布也被当当网提上日程。

对于电商的电子书业务而言，2013年最重磅的炸弹莫过于亚马逊kindle入华，亚马逊中国在接连上线Kindle中文书店、Cloud Drive云服务以及亚马逊应用商店之后， Kindle/Kindle Fire系列电子书及平板电脑终于正式踏上了中国大陆，卓越亚马逊2013年的重点也从纸质图书转向电子书业务。Kindle中文商店目前已拥有近四万本书籍，这一数量对于国内任何电子书销售者来说都是压倒性的优势。此外，背靠电子商务平台，在苏宁进行线下销售，亚马逊根本不用担心渠道和用户数量问题。所以，凭借硬件体验出色的Kindle Paperwhite以及丰富的电子书资源数据库，亚马逊也许有机会在各厂商分疆之前完成统一大业。

在此背景下，出版商和电商之间的电子书合作一直较为积极。然而，2013年4月，中国两大电商——当当网和京东商城相继推出限时免费的电子书下载促销活动，引起中国出版界一片哗然，有不少出版商担忧，这种无底线促销将影响中国出版业的数字化转型之路。下半年，随着亚马逊最近的一项禁止其他组织推销免费电子书的行动，我们似乎看到了终结“免费”电子书商业模式的开始，只是不知道在中国市场能否真正实现。

九、资源整合加速发展，异地跨界整合成趋势

2013年，各种“跨界”资源整合，加速了出版业跨越式发展。6月22日，由人民教育出版社有限公司、人教教材中心有限责任公司、陕西人民出版社有限责任公司、陕西出版集团发展有限公司四家股东按比例出资共同组建的国有股份制文化企业——陕西西北人教玉成文化传媒有限公司正式揭牌。此举是人教社和地方出版企业探索通过股份合作的方式，促进资源优化组合，实现跨地域经营，谋求共同发展的战略性尝试。5月，时代出版传媒股份有限公司旗下全资子公司北京时代华文书局有限公司，获得国家新闻出版广电总局批准颁发的“中华人民共和国图书出版许可证”，这是中国出版业跨地区发展首家获批出版资质的出版机构。

各大出版集团更是加快了资源整合的步伐，大项目纷纷上马。凤凰传媒2013年以其数字化教材、凤凰优课系统、凤凰学习网、凤凰智能英语为核心内容，基本形成整体性的“凤凰云校园”数字教育解决方案，并于当年收购了慕和网络，意在布局游戏领域，从而进一步发力数字媒体领域和全媒体布局。福建新华发行集团力争海峡出版物博览交易中心、智能化物流中心、海峡文化学术交流中心等项目年内全面开工。时代出版也在尝试基于传统出版内容的二次开发，比如主导剧本改编兼投资、积极拓展影视、推动图书版权与影视的互动经营，打通少儿教育全产业链，打造少儿产业集团。中南传媒与湖南教育电视台合资创立“湖南教育电视传媒有限公司”，则是其全媒介发展战略至关重要的布局，将为其整合渠道、内容、媒体资源，进军影视、广告营销领域，强化多屏互动的数字媒体业务，拓展教育电视资源的多元化渠道奠定基础。

11月举行的十八届三中全会，通过了《中共中央关于全面深化改革若干重大问题的决定》，也提到要推动文化企业跨地区、跨行业、跨所有制兼并重组。虽然文化产业职能化和区域化的分割仍很严重，但可以预料的是，未来几年，跨区域发展将成潮流。

十、稿酬提高办法出台，网络稿酬成难点

9月23日，国家版权局向社会公布起草的《使用文字作品支付报酬办法（修订征求意见稿）》，欢迎社会各界提出修改建议和意见。实行多年的稿酬标准有望提高。《办法》将原创作品的付酬标准从1999年的每千字30元到100元，提升为每千字100元到500元；将翻译作品的稿酬从每千字20元到80元，提升至每千字80元到300元。

国家版权局随即召开座谈会，听取来自作者、出版社、网站、学者、司法机关和行政部门代表的意见。大家殷切期待《办法》的出台，能切实维护著作权人的合法权利，引导和规范市场秩序。

尽管原创作品的稿酬标准有了大幅提高，然而作家代表的意见是，现在《办法》里的最低标准和最高标准差距比较大，出版社或刊物往往是按照最低标准付费。建议缩短两者之间的差距，适当提高最低标准。出版方也提出了自己的看法和担忧：稿酬提高导致成本提升，最终可能会转嫁给读者，如果真出现了这样的局面，读者能接受吗？多数代表则认为："稿费提高带来的成本提升，出版社应该通过提高自己的经营能力和利润率来解决。"

中国作协曾作过一项调查，结果显示：目前大多数网站使用文字作品都是不付酬的，大量的网络转载根本不付酬。对此，有代表提出："与网站签约的作家所发表原创作品的稿酬标准，可以比纸质作品标准低，甚至低很多，但是必须有一个标准，否则就成为一纸空文了。"

纵观2013年中国出版业，可谓有忧有喜。从问题角度看，一是阅读边缘化趋势，人们获取知识的途径越来越多，娱乐消遣的方式也越来越多，阅读变得不再像过去那样是唯一获取知识的途径。二是产业"造血"功能不足，全民阅读立法、数字出版基地、大部制、教育政策变动、宏观管理层面的风吹草动仍然是产业发展的主动力，甚至电子书的发展也很大程度上依赖电商平台的推动。相比而言，出版业自身转型变革的力度还远远不够。

当然，从乐观角度看，出版业积极寻求"融合"的势头是好的。出版与文化产业的互相渗透、日渐融合，延伸与拓展，资源重组整合，为出版业新的发展注入活力。同时，尽管全民阅读和文化复兴还有很长的路要走，但一些星星之火的确给人以希望。8月2日，《中国汉字听写大会》在央视科教频道一经亮相，迅速掀起了全民关注汉字书写的热潮。只有加强对语言文字、传统文化的重视，出版产业才有可能迎来真正的春天。

（原载《编辑之友》，2014年第1期）

2014年出版十大关键词解读[①]

2014年的中国出版业，有自上而下的政策调整，也有自下而上的尝试探索，坚守传承、又不断创新，有成绩、也有问题。《深化新闻出版体制改革实施方案》出台，明确五大发展路径；资本合作呈现海外联姻等新特点；跨界融合着力出版、影视、游戏等产业；出版众筹在多个维度实现成功案例；实体书店多元化经营屡有创新；数字教育发展迅猛，为教育出版转型带来机遇和挑战；出版成为文化创意产业重要组成部分；互联网发展催生版权保护新办法；移动阅读多足鼎立竞争白热化；童书出版持续发力，各出版社特色鲜明成果显著。

一、改革方案

2014年，国家新闻出版广电总局正式出台的《深化新闻出版体制改革实施方案》（以下简称《方案》）明确5个重点改革任务、23项具体措施，为新闻出版企业下一步的改革发展提供了清晰的路线图。

《方案》提出了5个重点方面改革任务：在完善新闻出版管理体制方面，要创新网络出版管理机制，建立两个效益相统一的评价体系，加大版权保护力度。在增强新闻出版单位发展活力方面，要深化公益性新闻出版单位改革，探索国有出版企业股权激励机制，鼓励和支持传统出版传媒与新兴出版传媒融合发展。在建立健全多层次出版产品

①本文与卞卓舟合作完成

和要素市场方面，要建立全国统一的出版产品信息交换平台，促进出版资源与金融资本、社会资本有效对接，促进出版与科技的深度融合，允许符合条件的非公有制企业参与网络原创出版业务。在推进出版公共服务体系标准化、均等化方面，要深入开展全民阅读活动，健全新闻出版公共服务工作机制。在提高新闻出版开放水平方面，要探索市场化、商业化、产业化、社会化、本土化的运作方式，大力推动新闻出版走出去。

国家新闻出版广电总局党组书记、副局长蒋建国表示，通过改革，做到“三个保持、三个转变”，即继续保持体制优势、保持内容优势、保持队伍优势，实现转变观念思维、转变生产经营、转变体制机制。同时，总局将在产业规划、政策扶持、资金支持、标准制定、人才培训等方面，进一步加大工作力度，为融合发展提供强有力的支持。可以说，《方案》所明确的改革方向，也代表了2014年出版产业发展的趋势和走向。

二、资本合作

2014年，资本在出版产业发展过程中仍然起到了不可小视的作用。

国内出版企业与海外出版商跨国联姻，可以说是当前业内“资本合作”中的热门。北京出版集团与德国梅尔杜蒙公司共同投资组建的京版梅尔杜蒙（北京）文化传媒有限公司2014年2月宣告成立。目前，中国出版集团已有驻港和海外机构31家，正在筹建的美国国际出版公司1家。2014年3月，漫友文化联手法国众享传媒缔结战略合作关系意向书，意欲促成资本合作。

发行方面的资本合作也很活跃，对于打通出版产业上下游，推动跨区域联合具有探索性意义。民营与新华系统的合作方式也逐渐从传统的销售合作上升到资本合作。2014年7月，内蒙古新华文化传媒有限公司在呼和浩特揭牌成立，该公司由内蒙古新华发行集团与山东金榜苑文化传媒公司共同出资创建，为国有民营混合制企业。其实在2013年，长江传媒旗下的湖北省新华书店集团与山东水浒书业有限公司就合资成立山东长江水浒文化传媒有限公司，借助“教辅新政”的政策性利好，拓展“长江版”教辅产品的省外市场。

然而，中外出版传媒或国有与民营协力打造的合资企业在经营上蕴含着文化的交流、冲突与碰撞，管理的摩擦、融合与再生在所难免，仍需进一步实践、探索和支持。

三、跨界融合

随着集团化运营的日渐成熟、资本合作模式的不断探索、多元化经营思路的逐渐开阔，出版产业的跨界融合日益增多，尤其以出版与影视、出版与游戏等合作居多。

影视界向来有向出版寻求好剧本的习惯，出版业也将影视作为产业链的一环主动进军，国内10家上市出版集团中，除北方联合出版传媒集团外，均涉足影视业务。但出版业的产业规模和市场化均不及影视产业，上市集团大部分都持谨慎态度。仅凤凰传媒旗下的凤凰传奇影业与新华文轩旗下的华影文轩较成规模，投资额过亿元，运营较为成熟。内容资源是出版企业的优势，时代出版在2014年年初的北京图书订货会上就与一批重量级作家和编剧直接签订影视图书版权，还与安徽大学联合成立“影视文学创作中心”，征集剧本故事。通过版权涉足影视，可能是出版与影视融合的敲门砖。

与影视相比，出版与游戏的联姻要成熟得多。据2014年《中国游戏产业报告》显示，2014年上半年，中国游戏用户数量4亿人，同比增长9.5%，实际销售收入达到496.2亿元，同比增长46.6%。转型升级中的出版传媒企业，自然将目光集中在了游戏产业这块大蛋糕上。2014年6月，中文传媒购买北京智明星通科技有限公司100%的股权。

该公司是一家国内社交游戏公司，目前拥有约5000万月活跃用户，业务遍布约40个国家和地区。也是在6月，美国微软公司重点合作项目XBOX ONE在国内上市的消息甫一发布，凤凰传媒旗下的慕和网络就与微软正式签署了《Xbox Live全球发行商协议》，成为中国大陆首家获得此权限的Xbox Live手机游戏发行商。8月，天舟文化发布公告，通过非公开发行的方式募集收购互联网游戏企业。收购完成之后，公司业务从传统的教育传媒转向教育与互联网游戏并驾齐驱的业务协同发展模式，对公司构成利好。

传统媒体和新兴媒体的融合发展，就是要解决体制、机制、技术、产品、市场等方面的瓶颈，然而也会出现内容同质化、抄袭严重、对并购企业的估值偏高、管理衔接不上等问题，需要冷静面对。

四、出版众筹

2014年，可以算是“众筹元年”。尽管目前尚未有众筹平台数量的官方数据，但包括众筹网、追梦网、天使街、京东众筹、百度众筹、阿里巴巴等此类平台已经超过100家。在各众筹网站中，出版与科技、影视、音乐、设计等并列为众筹的主要类别。

中央编译出版社为全国青少年写作爱好者打造的一款出版众筹项目“校园文摘系列丛书”10月24日在众筹网上线。中信出版社联合奇虎360公司和京东的《周鸿祎自述》众筹，一个月内筹资超过160万元，刷新京东众筹多项纪录，成为出版第一大众筹项目。

除了上游的图书众筹，下游实体书店也在众筹领域尝到甜头。北京字里行间书店众筹一天过百万元。10月，沈阳的北方图书城也众筹寻找“书城合伙人”，有80多个应征者。而2014年7月开业的广州第一间24小时不打烊书店——1200bookshop也是通过众筹集资的。

出版业也尝试在众筹平台方面做文章。学林出版社的人文社科学术著作自助出版平台，采用了“按需印刷+众筹出版”的办法，作者完成书稿，可将一部分学术成果在平台上展示，并在网络上筹集经费，按照一定印数印刷。9月11日，知识产权出版社“来出书”图书自助出版平台联合国内五大顶尖知识产权互联网平台（中国知识产权网、IPRDAILY、思博网、优智博知识产权网、知了网）共同发起了中国知识产权界的首次出版众筹。

出版众筹项目的数量不断创新高，意味着脱颖而出的难度加大，在有限时间内众筹成功的要求更高。因此，不断推陈出新的众筹项目在对创意的追求、对可持续性的考验，将是下一步出版众筹的难题和关键点。

五、实体书店转型

随着读者消费习惯的变化以及实体书店经营困境亟待突围的压力，使得书店的多元化经营成为不二选择。

24小时书店在2014年蔚然成风。三联韬奋24小时书店与雕刻时光咖啡馆互相配合进行通宵营业，杭州“悦览树”也升级为24小时书店，青岛市新华书店开设的“明阅岛”24小时书店于当年7月正式运营，颇受社会关注。浙江省新华书店集团董事长、总经理王忠义希望“悦览树”书店能成为杭州的“文化约会地”：“今天的读者生活方式已发生变化，很多职业‘昼伏夜出’，需求更加多元化，所以传统书店也可以很潮，更接地气。”

实体书店突围可谓八仙过海。深圳出版发行集团实施“大书城+小书吧”的网点发展战略，其目标是实现“一区一书城”“一街一书吧”。广州新华出版发行集团正在抓紧对已有20年历史的中国书业第一现代大书城——广州购书中心进行装修改造，同时加盟动漫创意行业，拓展销售渠道。

技术也成为书店转型升级的法宝。青岛市新华书店与青岛出版社合作于2014年5月上线运营“青岛微书城”，实现了手机选书与移动支付，文化资讯与阅读管理，线上线下销售服务的有效结合。深圳出版发行集团自主研发了全国首个实体书店手机客户端服务软件，读者可利用手机客户端随时随地查询三大书城的商品信息、库存架位号、活动资讯、排行榜单和好书推荐信息等。

六、数字教育

信息化大背景下，教育出版数字化成为出版界热点。与此相关的多方力量都进行着积极探索，以期为教育这一特殊的文化领域打开一片数字化"蓝海"。

据艾媒咨询统计，2013年中国在线教育市场规模预计达到924亿元，2015年将超过1600亿元，中国在线教育市场在未来几年内将迎来一轮市场大爆发。明显的例子是网易、腾讯、百度等，几大网络巨头都开始试水在线教育。2014年上线的腾讯课堂（https://www.ke.qq.com）是一个完整的课程交易平台，与之前上线的QQ群视频直播工具、支付工具相结合，腾讯在线教育闭环初步形成。

拥有教育内容资源的出版社自然不落人后。浙大社率先在数字教育领域取得突破，开发完成了云课程平台。由外研社建设的高校师生外语学习平台"共同校园"（Unipus）于2014年10月亮相，学生可以在平台上进行外语能力自测，之后根据系统推荐的个性化内容进行选择性学习，还可以线上报名参加英语演讲、写作和辩论赛，教师则可以通过这一平台获得全流程的在线教学支持和测试评估支持，平台还集学术资讯、文献资源、专家辅导、科研工具、同行交流等功能于一体。

2014年，"慕课"风生水起，美国斯坦福大学校长把它称为一场"海啸"。通过大规模开放网络课堂，世界高等大学的名课免费向全世界开放。在中国，人民卫生出版社等出版社进行了探索实践。3月29日，该社与全国高等医药教材建设研究会一起，携手北大医学部、北京协和医学院、复旦大学医学院等182家医学高等院校，成立中国医学教育慕课联盟，宣布共同建设中国医学教育慕课平台，这标志着全球首家医学教育慕课平台建设正式启动。

在数字教育领域，资本、技术、内容三方博弈，各具优势，也各有所缺。要想吃好吃透数字教育这块大蛋糕，必然的趋势是多方融合、合作，各取所长、优势互补。

七、文化创意

在国家不断出台利好政策的背景下，文化产业迅猛发展，创意成为引领产业活力的助推器；与此同时，出版行业正面临转型升级的抉择。出版业不断延伸拓展文化产业链与产品线，或将成为未来发展的趋势。

纵观出版行业，目前涉足文化创意产业的主要包括“图书+创意产品”、立足图书又不断拓展产品外延、创新性建立全新的文创业态等模式。比如，2014年5月，青岛出版集团公司在“青岛微书城”启动了《青岛城世绘》一书的全国独家预售活动，在一定期限内预订的读者可以获得手绘地图或创意手绘地图明信片一份。人民教育出版社围绕教材及相关图书内容推出了文化衫、公交卡等一系列文化创意用品。2014年，已有三百多年历史的荣宝斋，在北京荣宝斋大厦设立了一间总面积为400多平方米的“荣茗轩”茶室，将古老的“茶”文化引入荣宝斋传统文化艺术体系中。

融入科技元素的文化创意往往会成为一种全新的艺术形态，由江苏红楼梦世界股份有限公司策划、南京师范大学出版社推出的口袋本纸书的跨超本《红楼梦》，自5月22日开始体验鉴赏以来，已有超过1.5万用户下载了跨超本的手机软件（APP）。由北京安之文化传播股份有限公司策划推广，并由中国轻工业出版社出版的图书《创意影画教程》，既是出版的创意，也是图书延伸的印刷创意产品。

尽管前景可期，出版产业涉足文创也面临许多问题。比如，缺乏文创所需的足够创造力，缺乏文创产品的渠道客户资源，缺乏品牌推广经验等等，需要出版业在谋求合作、引进人才等方面下大力气。

八、版权保护

随着互联网的迅速普及和网络出版规模先于版权保护规范的发展，文字作品的版权保护现实情况堪忧。出版是连接创作与消费的中间环节和桥梁。与影视、游戏、广播等使用者相比，出版是作品的原始使用者、最直接使用者。作品从创作完成到著作权人合法使用、传播的过程中，经常被盗用、滥用。

10月13日，中国版权保护中心推出一项新型版权服务业务——作品保管。同时，向著作权人公开的作品保管服务规则、办理流程颁布，作品保管的平台也正式上线。从著作权人的实际需求出发，本着为著作权人和市场服务的宗旨，经过认真的筹备、研究和创新，首创了新型高效的全线上版权服务模式——作品保管业务，制定了具有实践意义的作品保管服务规则，开发了集申请、缴费、入库、出库、提取、续保、信息公告等功能于一体的作品保管平台，为广大著作权人提供更加及时、方便、快捷、安全的证明服务。中国版权保护中心目前已完成《中国版权保护中心作品保管服务规则》《作品保管申请须知》《作品保管填表说明》《作品保管岗位设置和工作规范》和《作品保管流程图》等规范性文件。

网络文学的持续热门，也为版权方提高了话语权。近年来，网络文学改编的文化娱乐产品越来越多，“钱”途大好。2010年至今，仅由盛大文学售出的影视剧版权就超过130部。2014年，盛大文学与国内6家影视及演艺机构在浙江省绍兴市举办的“首届数字内容文化投资与版权交易会”上签订作品改编授权协议，6部原创网络小说《史上第一混乱》《鬼吹灯》《朱雀》《斗铠》《盘龙》《步步生莲》被购买，总售价近800万元，其中《史上第一混乱》和《鬼吹灯》的单价高达

200万元。

九、移动阅读

“双十一”期间，电商的经营者又迎来了一年间的销售最旺季。从数据上看，双十一已经连续涨了6年，从2009年到2014年，交易额依次为0.5亿、9.36亿、33.6亿、191亿（含淘宝59亿）、350亿、571亿。另一个数据更值得关注，那就是移动端交易占比，阿里移动端成交额达到243亿元，是去年移动交易额的4.54倍，占2014年总成交额的42.6%。

三大电商的移动端布局日益清晰。3月，京东与腾讯合作，借助后者的用户和平台，在微信、手机QQ、京东移动客户端上进行了诸多创新尝试。当当正式上线了“当当读书4.0新版本客户端”，多类畅销书可在当当书城进行免费借阅，用户在限定的时间内可以免费看书。亚马逊宣布，读者可以使用Kindle Scout服务，为希望其发行的书籍进行投票，而亚马逊会根据投票结果出版书籍。亚马逊还发布了Kindle Worlds。该平台允许任何作者对设定情节进行更改，之后其他用户将可通过Kindle Store进行购买。

知名商业服务信息平台“易观智库”近日发布2014年上半年国内移动阅读市场的营收数据。数据显示，三大运营商把持着近七成移动阅读市场的营收。其中，中国移动“和阅读”、中国联通“沃阅读”、中国电信“天翼阅读”分别占据49.1%、12.5%和6.3%的份额。不过，三大运营商的移动阅读存在阅读产品的社交化功能不完善、包月图书更新速度较慢等问题，这给了iReader、盛大文学、QQ阅读、塔读文学、熊猫看书等移动阅读提供商机会。在2014年上半年的移动阅读市场中，iReader依靠强大的渠道优势和创新的产品体验最终收获了5.2%的市场份额；盛大文学依托丰富的内容资源和海量的付费用户，占据4.2%的市场份额；QQ阅读占据3.8%的市场份额；塔读文学和熊猫看书的市场份额分别为1.5%、0.8%。

出版业也有向移动端布局的意识。时代出版2014年的重点项目“时光流影TIMEFACE”，在完善网站的同时于6月份推出移动端版本。相似的，人民交通出版社2014年的新数字产品“航海知识问答移动端在线”“交通运输科技人才学习平台在线、离线移动端”等均是着眼于移动端经济。

十、童书出版

中国的童书出版市场，无论从出版规模、销售码洋、增长速度，还是参与者来说，都是各类型图书中发展势头最好的板块。中国582家出版社中有523家出版少儿读物。从出版规模来说，据国家统计局的数据，自2009年以来，中国儿童读物规模逐年不断扩大。与2009年相比，2013年儿童读物出版种数增长208%，总册数增长160%，增量非常可观。来自当当网的数据亦显示，2014年1月至9月，当当网累计已达成销售码洋14.5亿，同比增长25.6%，约占当当总码洋的25%，预计全年将突破至23.3亿。可以说，少儿出版是出版门类中，当之无愧的朝阳出版，市场规模或高达数百亿。

中国少年儿童新闻出版总社，除了开发“红袋鼠”“乐悠悠”“嘟嘟熊”等本土品牌书系，还联合宝开游戏公司出版了极具影响力的“植物大战僵尸”品牌书系。作为专业少儿出版阵营里的老牌出版社，江苏凤凰少年儿童出版社的优秀儿童文学作品，都取得了良好的社会效益和经济效益。例如，著名作家曹文轩先生的“纯美小说”系列，《草房子》《青铜葵花》等都印刷上百次，销量上百万册，荣获各种大奖。接力出版社将目光投向了当下央视热播的“中国汉字听写大会”，已于2014年8月出版了《中国汉字听写大会·我的趣味汉字世界》1、2，在上市的1个月内，已经紧急加印，发行量更是突破14万册。

同时，国内已经有多家出版社依托自身的优质少儿出版资源，涉足早教、玩具、影视、主题乐园等项目，开始产业化尝试，并取得了初步的成效。如海豚传媒看中约1000亿元的国内早教市场，自2012年陆续开办3家海豚幼儿园。这3所幼儿园目前都运营良好，皆已经实现赢利。未来出版社推出的“乐乐趣”品牌玩具书，销量也一路飙升。安少社、中少总社、大连社、二十一世纪社等纷纷进军主题乐园，力图打造中国的“迪斯尼乐园”。

童书出版发展迅猛，现在已经到了一个“拼设计、拼细节”的时代，真的要以孩子为本位，常常换位思考，把自己还原到儿童的状态很有必要，这在产品设计的时候需要体现在考虑趣味性、实用性、教育性、知识性等，多维度打造产品。

纵观2014年中国出版业，可谓有喜有忧。与2013年宏观管理起主导作用相比，2014年的出版业多了许多自下而上的有力探索，并呈现出诸多创新之处。如文化创意、出版众筹、跨界融合、版权保护等，都与出版者敢于尝试、勇于创新的决心和努力密切相关。

然而，从问题角度看，全民阅读和文化复兴还有很长的路要走。不管行业自身承不承认，出版正在陷入一种怪圈，人们获取知识的途径越来越多，娱乐消遣的方式也越来越多，阅读似乎变得不再像过去那么必要与重要，甚至有时成为一种陪衬与点缀。很多阅读推动工作，都是由移动运营商、电商平台等操持，出版业自身在促进全民阅读、把蛋糕做大方面，所起到的作用还相对有限，大有潜力可挖。

（原载《编辑之友》，2015年第2期）

2014年编辑出版学研究综述①

2014年我国编辑出版学研究取得了丰富的理论成果，总的来说适应了出版新科技的发展要求，把握了全媒体时代特别是数字媒体的特点，同时开始运用一些新方法、新角度，将编辑出版学引向更加科学、成熟的道路。

一、2014年编辑出版学的研究情况

关于2014年编辑学的研究情况，周国清在其2015年初发表的文章中做了梳理分类，列出了2014年编辑学研究的十大观点[②]。该总结较为细致深入，本文对其进行精简归纳，同时吸纳其他学者的研究成果，将2014年编辑出版学的研究情况总结为以下几个方面：

1. 关注新媒体和出版产业环境下的编辑活动，关注媒介融合与大数据背景下的大编辑、大出版，对于数字出版和出版经济的研究成为热点，在以往的研究上取得了方法论和结论上的深化。例如，汤学梅在其文章中针对自2013年以来出现的自媒体、免费电子书、融合营销、微店、电商出版、社会化阅读、众筹七种创新性数字出版商业模式的应用实践进行总结与解析，以探究数字出版盈利模式新路径[③]。这篇文章对于数字出版做了一个比较全面的概括分析，但主要是通过现

①本文与卞卓舟合作完成
②周国清．2014年编辑学研究十大观点[J]．编辑之友，2015年第2期
③汤雪梅．数字出版模式的多元探索[J]．编辑之友，2014年第12期

象和实例进行解读，缺乏实证性的客观分析，也没有形成理论系统。

2. 编辑出版学基础理论的深入探索。以往的编辑出版学研究较为注重实务探索，轻视基础理论研究。2014年的很多研究文章都认识到了这一问题，并对此进行弥补。例如，高平亮认为当前我国的编辑出版业正处于重要的转型时期，相关的专家学者虽然在社会实践对编辑出版业的内涵进行了深入研究，但是我国现阶段编辑出版业的专业理念和核心价值仍旧含混不清，因此作者从编辑出版业的基本相关概念与国内编辑出版业的实际出发，对编辑出版业的专业理念与核心价值的界定及相关问题进行了分析和思考①。

3. 重视编辑主体的研究，探讨编辑在数字化时代中的坚守与转型。这一类的文章非常多，较有创见的例如李金正的文章《论编辑的三个二重性——建构编辑主体性的理论尝试》②，尝试从哲学角度建构编辑的主体性——包括三个方面的矛盾统一；又如黄欣的文章《试论编辑职能及其“棱镜效应”》③，试图构建编辑职能的棱镜效应模式，来探索网络环境下传统的编辑职能的新角色定位。

4. 对于编辑出版专业教育的关注。随着出版产业的变化，编辑出版专业学科亟须革新，以适应数字化与媒介融合的需要。2014年的研究对这个领域做了较为集中的探讨，一是针对编辑出版学科建设的研究，有学者认为目前的编辑学教育存在各学科专业教育脱节的现象，指出编辑学应与自然和社会科学相关专业紧密结合，并将各学科专业

①高平亮．编辑出版的专业理念与核心价值研究[J]．新闻研究导刊，第5卷，2014年第14期

②李金正．论编辑主体的三个二重性——建构编辑主体性的理论尝试[J]．中国编辑，2014年第1期

③黄欣．试论编辑职能及其“棱镜效应”[J]．中国出版，2014年9月上

教育贯穿于编辑本科、硕士、博士培养及终生的编辑工作中①；二是针对编辑出版从业者继续教育的研究，有学者认为目前编辑出版人员继续教育存在缺乏长远规划、课程缺乏针对性、缺乏对于继续教育系统化的探讨和继续教育理论研究、继续教育法治化程度不高等问题，同时提出了完善措施②。

二、2014年编辑出版学的研究热点、新点

周国清在其文章中提出，2014年的编辑学研究几个较为集中或突出的领域值得关注：1. 对于新形势下编辑策划的研究；2. 以个案为主的编辑史研究，对于现实编辑活动具有深刻的启示意义；3. 对编辑五体的后续研究，深化了编辑学基础理论；4. 强调编辑与读者的互动关系，关注新媒体环境下编辑与读者关系的新特点③。

除此以外，2014年编辑出版学的研究在方法论、研究领域方面较以往有新的继承和发展，采用了新方法，提出了新学科，同时也有集大成的著作问世，对于过去的编辑出版学做了系统性的总结完善，举例如下：

1. 更加科学的研究方法。近年来，我国的出版学研究的主流为企业改制、出版数字化、产业化和实践性研究，研究成果丰硕，但研究方法单一、过多主观判断和偏好论断使得研究的客观性大打折扣。2014年有学者做了新的尝试，引入统计学和经济学领域的方法论，以期更加科学、客观地进行出版学研究。主要方法有：

(1) 定量分析方法。2013年编辑出版学研究中就已经有若干篇采用了定量分析的方法④，取得了一定影响。2014年又有学者采用该种

①徐会永．编辑学发展困境与专业编辑学教育模式[J]．四川理工学院学报(社会科学版)，2014年第3期

②席逢遥．对完善编辑出版人员继续教育的探讨[J]．中国编辑，2014第3期

③周国清．2014年编辑学研究十大观点[J]．编辑之友，2015第2期

④吴平．2013编辑出版学的十大观点[J]．编辑之友，2014第1期

方法，例如：

《近二十年来我国期刊出版中著作权问题研究论文的定量分析》[①]一文是以中国期刊全文数据库（1994—2012）有关期刊出版中著作权问题的论文为研究对象，运用文献计量方法，对论文的年代、作者、来源期刊、关键词以及资金资助项目等进行统计分析，阐述了近20年来我国期刊出版的发展概况，指出我国期刊出版中著作权问题研究存在的不足并提出相应的对策和建议。

《近年来中国编辑出版学研究热点——基于CSSCI高被引论文的研究》[②]是对CSSCI在2010年至2012年收录的编辑出版学高被引论文关键词标引次数进行分析，得出“出版产业、出版物创新性、内容改进、版权、技术变革”这几个主题的研究最为集中，而“期刊、数字出版、编辑人员、网络出版、传统媒体”是2010年至2012年编辑出版学的研究热点。该文章采用的研究方法和得出的结论产生了一定影响，被一些研究文章所引用。

（2）经济学实证方法。2010年开始实证类的论文数量在上升，但存在样本不够规范、写作流程不规范，甚至“伪实证”的情况。石姝莉将目光投向同为人文社会科学却被公认更具科学性的经济学，提出了用经济学实证方法进行出版学研究的理论假设。文章提出的经济学实证方法虽然仍处于模型构造阶段，却可能为现在的编辑出版学的研究打开了一扇走向科学、成熟、系统化的新窗户。

（3）管理学理论移植。针对编辑出版产学研的结合机制，有学者以“三螺旋理论”为基础，对我国目前编辑出版学产学研结合中存在的培养、管理、政策问题进行了探讨。“三螺旋”理论源于生物学，后

①赵鸥，贾国方，朱漪云，李宁．近二十年来我国期刊出版中著作权问题研究论文的定量分析[J]．中国科技期刊研究，2014年第2期

②王佳，芮海田，孙守增．近年来中国编辑出版学研究热点——基于CSSCI高被引论文的研究[J]．出版广角，2014年4月下

引入社会动力学领域，用于研究政府、企业和大学三方合作的关系。现在有学者将该理论引入编辑出版学，用来研究编辑出版产学研的机制管理问题，总结出编辑出版产学研的发展应通过大力推进教育改革，增进三方信息互通，完善合作机制等手段，将政府机构组成的行政链、企业公司构成的生产链与学术研究构建的科学链三链结成螺旋合力[①]。

2. 栏目学的兴起。对于栏目学的研究在2014年并非热点，但却是一个值得关注的新方向。栏目学是随着在信息社会的需求拉动下，形成的编辑学门下的新兴分支学科。有学者对栏目学进行了一个概括阐述，包括该学科的研究课题、研究方法、学科建设理念及其发展前景[②]。文章提出了一些比较新的想法，同时也可能引发一些争议，但随着信息社会的发展，栏目学的兴盛仍是趋势。

3. 集大成著作的问世。

(1) 2014年10月，《中国编辑思想史》由学习出版社出版发行，是国内首部全面系统论述中国编辑思想发展历史的专著，系统阐述了自先秦至民国时期的编辑思想发展脉络，对于每一个朝代、每一个特定历史时期的不同类别书籍的编辑思想进行了梳理和系统论述，填补了我国编辑出版学学科体系中编辑思想史研究的空白[③]。

(2)《中国出版业发展报告——新千年来的中国出版业》第二次印刷。该书全面总结了中国出版业的发展现状，大量引入翔实数据和真实事件理清出版业发展规律，为全面研究新千年以来中国出版业的发展状况提供了丰富资料和有效途径。该书是一部产业与学术价值兼具

---

①李建伟，杨阳．基于“三螺旋”模式的编辑出版专业产学研现状分析及前景研究[J]．编辑之友，2014第11期

②王续琨，宋刚．栏目学：编辑学的新兴分支学科[J]．河南大学学报（社会科学版），2014年第4期

③李静．《中国编辑思想史》出版[J]．出版科学，2015年第1期

的创新成果，打开了一个观察出版业的不一样的角度[①]。

三、2015年学科发展预测

编辑出版学是一个较为年轻的学科，近几年虽然蓬勃发展，理论基础仍然薄弱，还未建立完备的学科体系。今后编辑出版学的研究，应当会加大理论研究力度。

1. 加强对新媒体的研究。电子出版、网络出版是一个持续性的热点话题，2015年的研究会继续在这个话题上深入下去。过去对于新媒体出版的研究文章虽然多，但大多较为空洞，理论深度不够，缺乏理论创新和系统创建。今后的研究，可能会在理论上进一步深入，建立系统化的新媒体出版商业模式。

2. 研究方法进一步丰富。上文提到的统计学的定量分析法、经济学的实证方法以及管理学理论移植为我国的编辑出版学打开了新的研究视角，学者可能会继续吸纳其他成熟学科的研究方法，推进编辑出版学的成熟化、科学化进程。

3. 对于众筹出版的研究进一步深入。以“众筹出版”为关键词搜索知网发现，2012年以前的相关文章数量仅为个位数，而从2013年开始就呈井喷式爆发：2013年54篇，2014年达到348篇，2015年刚刚三个多月，就已达到85篇。2013年的文章还主要在探讨众筹的兴起和可行性；2014年的文章开始在数字出版的大语境下提及众筹出版这一新兴现象，并对其运行机制、发展趋势做初步探索，例如张书勤《众筹出版运营机制探析》(《科技与出版》2014年第5期)；2015年的文章开始探讨众筹出版的融资模式、特点、风险规避机制等，例如刘尧远《浅析众筹出版的融资模式》(《科技与出版》2015年第2期)，以及范军、沈东山《众筹出版：特点、回报和风险分析》(《中国出版》2015

---

①陈志文．评《中国出版业发展报告——新千年来的中国出版业》[J]．现代出版，2015第1期

年第1期），为之后的深入研究奠定初步基础。预计之后一段时间，众筹出版仍将是编辑出版学的热点研究对象，并且会在理论上进一步深入和完善。

肖东发看两岸出版①

北京大学新闻与传播学院现代出版研究所教授兼所长肖东发，于2005年第一学期应邀到台湾南华大学出版事业管理研究所担任客座教授，教授《中国图书出版史》。肖东发在台停留期间，曾受邀参观台湾地区许多重要的出版单位，并亲身体验了两岸出版环境与出版教育的异同。本文乃针对肖东发在台湾期间，对台湾的出版产业及出版教育环境所做的观察做出专访。

两岸出版产业的差异

中国大陆过去实行的是计划经济，近年来正朝向市场经济的方向发展，许多出版社纷纷改制成公司或企业，但事实上除了名称上面的变动外，一些出版社目前都仍然难以落实财务上的独立，这和台湾出版产业完全的市场经济运作有着较大差异。且由于出版社在中国大陆仍是政府审批的行业，目前外资仍无法独立介入，仍需要通过与当地的出版社合作，才能进入大陆的出版市场。因此，从整体上说来，中国大陆的出版业虽已渐渐朝着市场经济的方向迈进，但要真正做大做强，却仍有很长的一段路要走。

来到台湾，诚品书店自然成为观察台湾出版产业的首选目标。关于“诚品”，肖东发表示，就大陆地区整体而言，在销售方式的灵活度

①本文与万丽慧合作完成

上不及台湾，像“诚品”营业时间长达24小时的做法就是一个例子。在阅读的环境上，大陆部分大城市里也有一些超级大书城，但在读书气氛的营造上却比不上台湾。不过肖东发也提及，现在大陆有些地方也出现了一些很有特色的书店，像北大附近的“风入松”、上海的“季风书店”、厦门的“光合作用”都是例子，只能说从整体而言大陆书店的经营与服务水平还没有达到台湾书店的平均水平。肖东发表示，其中印象最深刻的，不仅仅是“诚品”优雅的硬件装潢，台湾的书店、图书馆的服务人员态度都十分亲切，大陆在这方面的服务水平相较于台湾仍有不小的差距。

在书籍的营销活动上，肖东发表示，基本上感觉得到台湾地区书籍的营销呈现活泼而多元的面貌，各出版社或是发行商都积极利用各种可能的渠道发表新书的讯息，但是在大陆，除了部分出版社，像是中信出版社，因营销者“海归派”的背景，带来一些创新的销售手法，造就了像《谁动了我的奶酪》这样被中信出版社炒到火红的畅销书，但就一般的出版社而言，销售的方式多半并无特殊之处，整个产业的营销活动可说是完全依赖传统的方式。

肖东发认为，大陆和台湾的出版产业中差距最大的就是物流。在台湾可能是因为地方不大的原因，加上密布各地的便利商店和连锁书店，只要新书一上市，几乎在全台湾都可以看到。但在大陆不同，目前除了在大都市内的网络书店可以达到令人满意的取书速度，如：在北京环县内订购网络书店上的书。大部分的情况是，读者在南方可以买到的书，在北方就不见得买得到了，原因除了物流的不够发达外，各地方出版社的地方意识也是造成这种现象的主要原因。例如，在辽宁省内的书店，就一定会先放上辽宁出版社的书籍，之后才会考虑放置外地出版社的书籍，这些因素造成书籍流通困难，读者在找书和买书上十分不方便。

在出版的内容上，可能是由于肖东发本身对于历史的爱好，他在接触到新文丰出版社关于敦煌文化的出版所做的努力时就有特别的感动，他表示在新文丰看到与敦煌有关的出版品，是他在大陆没有看到过的，十分珍贵。肖东发十分称赞新文丰出版社的高道鹏总经理对出版的执着，他认为出版应有传承文化的责任，出版应该回到出版的本意，而不是一味地讨好市场。

两岸出版教育的差异

在出版教育上，大陆地区的编辑出版学教育20年前在胡乔木同志的建议下拉开了序幕，1985年首先在北京大学、南开大学和复旦大学开设编辑学专业并开始招生。其后的十多年间，维持常年办学的院校也逐步发展，教学层次更是由大专、大学到研究生不断的提高，教学课程体系也由不完备到逐年走向成熟。1998年，国家教育部调整大学专业目录，在一级重点学科新闻传播学之下，将编辑出版学列为二级重点学科。从此以后，编辑出版专业教育就得到了快速的发展。据不完全的统计，到2004年9月，全国高等学府设立编辑、出版、发行等专业的院校已有131家。今日的出版产业已经进入传媒整合的时代，21世纪的编辑出版业需要的是更高层次的人才，人才培养的目标不再是仅局限于能够管理一个工作室、出版社和期刊社、报社，而是能够横跨文化产业的多个领域的人才，既要有深厚的文化底蕴、持续的学习能力、高远的战略视野和宏观谋划能力，还要有强烈的开拓精神和卓越的创新能力；既是学者型的出版文化人，又是善于经营管理的企业家。因此，出版产业对编辑出版专业研究生教育有着很高的企盼。

但目前大陆编辑出版学研究生教育的发展，却面临着如下几个主要问题：1. 办学点的专业归属不明。目前，大陆编辑出版学的科目，多半是附属在传播学、新闻学、图书馆学、出版发行学等科目下。2. 重复设点、浪费资源。北京大学、武汉大学、南开大学、南京师范大学等4家单位的编辑出版学科，都出现分别设立在同一所学校的不同科系的现象，是资源的重复浪费。3. 教学内容缺乏特色，且多半以教授专业基础知识为主体，缺乏对新理论成果和实践技术的介绍。面对这些问题，为了争取更好的教育资源和获得应有的重视，很多有识之士呼吁将编辑出版学列入研究生学科的专业目录中，并构建以编辑出版为核心的课程体系，此外，对于师资的培训和优质教材的编写，大家也认为是不容忽视的问题。

借这次应邀至台湾南华大学出版事业管理学研究所交流的机会，肖东发也和大家分享了一些自己在实际教学中的心得。肖东发观察到，目前南华在职专班的硕士生，因为很多学生都已经具有出版的实务经验，比较能在论文中将理论和实务充分结合，这是很好的现象。一般的硕士生，则大部分是跨领域学习。这和大陆的情况也是相同的，本科学出版专业到硕士仍继续研习出版的并不多见，反而是异业来学习的比较多。但是，同样是报考硕士研究生，报考新闻系所或是传播系所的学生人数会明显多于报考编辑出版专业的学生人数，这是大陆比较普遍的现象。

携手合作共创华文出版市场

目前，全球各地都掀起了一股华文热，可确定的是，未来不论在经济上还是在文化上，华文出版市场都将是一块不容忽视的主要市场，为了迎接大华文市场的到来，肖东发非常鼓励两岸可以用各种方式展开多方面的合作。在出版产业上，两岸的交流原本已是十分频繁，但除了常见的版权买卖的合作，肖东发建议可以采用合作出版的方式出书，这主要是因为目前大陆地区像深圳一带的印刷品质量，已经具备了国际级的水平，相关的图书设计人才也都并不欠缺，台湾只需要派人过去负责前端的企划工作，后端就可以直接在深圳等地完成，不需要拿回台湾来编辑或印刷，这样可以降低不少成本。而在出版教育方面，目前台湾早已经有不少学生不断前往大陆地区研习编辑出版学相关的科系。从产业到学界更多方面的合作，确实能加速促进华文出版市场的繁荣。

贰 第二部分

产业变革呼唤编辑出版专业研究生教育的发展[1]

——2005年首届海峡两岸华文出版论坛发言

二十多年前，我国编辑出版学教育在胡乔木同志的建议下拉开序幕，1985年首先在北京大学、南开大学和复旦大学建立编辑学专业，开始招生。其后的十多年间，坚持常年办学的院校由几所到十几所稳步发展。教学层次由大专、本科到研究生不断提高，教学课程体系由不完备到逐步走向成熟。1998年，国家教育部调整高校本科专业目录，在一级学科新闻传播学之下，将编辑出版学列为二级学科。从此，编辑出版专业教育得到了迅猛发展。据不完全统计，到2004年9月，全国高校设立编辑、出版、发行等专业的院校已有131家，这个增长速度是许多人想象不到的。另一方面，许多出版单位几乎众口一词地表示："我们更愿意选择有某一学科背景知识而不是编辑出版专业出身的人才。" 毋庸讳言，在目前上马的100多所院校中，一半以上的编辑出版专业办学点不同程度地存在着学科定位不准、培养目标不明、课程设置不清、师资力量不足、教材选择不当、硬件投入不够等问题，所

①本文与杨琳合作完成

以已经有媒体提出“谁来规范编辑学教育”“出版产业是否需要人才”“需要什么样的人才”等一系列问题。

目前，我国出版产业已经进入传媒时代、整合时代、“人本”时代、营销时代、工艺时代和品牌时代。因此，21世纪的编辑出版业呼唤高层次人才，人才培养目标的着眼点不仅在于能够管理一个工作室、出版社、期刊社、报社，而且是能够横跨文化产业多项媒体的“巨擘”；培养的高层次人才不仅有深厚的文化底蕴、持续的学习能力、高远的战略视野和宏观谋划能力，还要有强烈的开拓精神和卓越的创新能力；既是学者型的出版文化人，又是善于经营管理的企业家。由此可见，出版产业的飞速发展呼唤大力发展编辑出版专业的研究生教育。

一、出版产业对高层次人才的迫切需求

2005年7月在北京大学召开了“全国编辑出版学专业教育学科建设研讨会”。时任中国出版集团公司副总裁聂震宁等产业界代表分析了产业新变化，对人才教育提出新的需求。伴随着出版产业改革的逐步深入，以往对出版流程的简单概括，即出版产业主要包括“编、印、发、科、供、贸”六个环节，已经不能全面反映出版业的新变化。事实上，出版产业链已经有了较大变化和发展，出现了对新型高级人才的迫切需求。

第一，对“内容提供商”的需求。很多文化公司将书稿等知识产品提供给出版社，从中获取收益，从而使“内容提供商”成为一种新型业态。

第二，对“中介服务商”的需求。现有的开卷公司、零点公司，包括刚成立的全国出版物发行资料认证中心就是这方面的新型业态，应当说具有很好的发展前景，但目前这方面的人才准备相当不足；法律服务也是一种需要不断加大的中介服务，只是出版社需要逐步培养接受法律服务的习惯，出版业法律服务人才将大有作为。

第三，产业发展急需“经纪人”。在欧美等国的出版业市场，经纪人已是一个非常重要的职业，这些国家的畅销书一般都由经纪人参与操作，其操作的能力和质量有的甚至超过出版社的营销策划部门。随着国内出版业市场化、规范化、法制化程度的提高，国内作者一定会呼唤他们自己的经纪人。

第四，出版产业评价环节有待加强。人们常说“书评常有，而真正的批评则不常有”，产业的健康发展急需责任感强、影响力大的职业书评人。

第五，对“产业分析师”的需求。这种人才在发展相对成熟的金融业等领域已经发挥了重要作用，他们利用科学方法和指标体系对出版产业发展过程和发展趋势进行分析和预测，从而为产业实体和决策部门提供决策咨询信息。

第六，对“集团管理人才”的需求。我国已经成立了一批出版集团和发行集团。出版集团总部的经营管理对人才的需求与出版社应当有所不同。出版集团不一定直接操作产品的生产经营，但一定要成为全集团的管理中心、战略中心、资产经营中心，要承担产品生产经营的监督管理者、改进指导者、效益考评者的角色，同时还要承担战略规划设计者、集约经营调控者和重大项目主持者的角色。这当然是出版产业的一种新型业态。与此相适应的新型人才，不仅要对出版产品的生产经营规律有所掌握，还要能够为集团规模经营提供多种集约化服务，更要对出版产业发展战略有一定的研究。

出版产业的新变化还有很多方面，像多媒体出版、信息化建设、现代物流等，更是业内十分关注的新型业态。总之，产业链的变化产生了对新型高级人才的需求，高校编辑出版专业的教学应当与此相适应。新技术的渗透、国际化出版的发展趋势都要求出版从业人员能够吸收和运用社会学、经济学、统计学、法学、传播学和系统科学的理论，用交叉融合的方法，从宏观出版产业和微观出版社两方面研究有关经营管理的理念、体制、方法、策略等问题，认清出版业面临的挑战和当前世界出版业的发展趋势，汲取中外出版改革中的先进经验和经营策略，探讨新时期出版工作中的规律及实现传统出版业向现代出版业转变的路向。而上述对专业人才的素质要求显然仅靠目前的本科教育是满足不了的，一定要通过高层次的研究生教育方能解决。所以，进一步发展编辑出版学的博士点和硕士点是时代的要求，也是建立有中国特色的编辑出版学的重要组成部分。

根据产业发展的大趋势，可以把培养出版企业具体业务人员的任务交由职业技术大学或应用型大学来完成，主要教授学生掌握出版企业工作所需的基本理论、基本知识和技术方法，即实现编辑出版学本科教育向应用型和职业教育的转化。同时，让一些综合性研究型大学把重点转到培养复合型人才上来，研究生的生源主要从其他学科的毕业生或出版企业在职人员中选拔，重点进行现代出版产业经营管理理论、创新能力及策划方法的学习与研究，以满足行业整体对高层次人才的需要。

二、专业研究生教育的发展现状

与出版产业的整体提升相对应，我国编辑出版学研究生教育也取得了长足发展，办学点不断增加，教育体系不断完善，课程体系不断成熟，师资力量不断增强。

据不完全统计，截至2005年7月，我国培养编辑出版学方向研究生的办学点已有31个。像北京大学、武汉大学、河南大学、北京师范大学、南京大学等院校已有10年以上的历史。这些办学单位不仅为社会培养了相当数量的高级人才，而且推动了编辑出版学的不断发展和逐步成熟。翻阅历届硕、博研究生论文题录，在从1979年开始招收硕士生的北京大学图书馆学系的毕业论文中就已经出现了《建阳余氏刻书考略》《中美书评比较研究》《中国古代图书发行体系及其在近代史中的巨变》这些以编辑出版为研究方向的选题。2001年则有《百科全书发展规律探索》《出版社网络营销》《20世纪前期中国著作权法研究》等题目。2002年南京大学信息管理系有《按需印刷研究》《中国图书版权贸易纵横》《图书网络宣传》《中美中小学教材出版比较研究》和《E-Book研究》等一批以出版学为题的硕士学位论文。其他院校如武汉大学信息管理学院、河南大学文学院编辑出版专业、北京师范大学中文系编辑出版专业的硕士研究生乃至博士生，都通过对不同课题的研究，为学科的建设做了有价值的探索和积累。仅这五所院校截至2004年毕业的硕士生，据不完全统计也有近300余篇以编辑出版为研究方向的毕业论文，题目涉及从古代编纂出版研究，到中外出版物比较，以及期刊、多媒体电子出版等方面。在这片以学术研究为主题的大学沃土上，经过导师和研究生们的不断探索与丰富，在编辑出版史、基础理论、学科分支及外文译著等方面都有了深入的研究，一批批极具价值的专著问世，并出现了“缔构派”“框架流派”“积累流派”这样的编辑学研究流派，促使编辑学科建设由雏形到初具规模，逐步走上科学性、系统性、规范性的独立发展轨道。

我国现有编辑出版学专业研究生办学点单位简况如附表所示，从中可以发现如下几方面的问题：

首先，办学点专业归属不明确。在硕士研究生办学层次上，共调查到31个办学点，其中有17个办学点专业名称为传播学；4个办学点专业名称为新闻学；4个办学点专业名称为图书馆学；两个办学点专业名称为新闻传播学；1个办学点专业名称为编辑出版学；1个办学点专业名称为出版发行学；1个办学点专业名称为纸浆造纸工程；1个办学点专业名称为古典文献学；1个办学点专业名称为文学与传媒。在博士研究生办学层次上，共调查到6个办学点，其中两个办学点专业名称为图书馆学；其余的办学点专业名称分别为政治学（国际传播）（1个）、编辑出版学（1个）、文艺学（1个）和新闻传播学（1个）。由此可见，编辑出版专业研究生教育专业归属极不明确，必然会影响专业人才培养目标的确定。

其次，存在“重复设点、资源浪费”的现象。北京大学、武汉大学、南开大学、南京师范大学等4家高校的编辑出版学专业办学点分设在同一学校的不同院系，存在课程设置重复、浪费教学资源的问题。

造成上述问题的一个主要原因，就是由于国务院学位委员会制定的《授予博士、硕士学位和培养研究生的学科、专业目录》中没有编辑出版学。这已成为诸多问题的症结所在，甚至也成为老一辈编辑家、出版家百折不挠地力争解决的奋斗目标和夙愿。

专业教育中存在的另一个突出问题，是教学内容与产业发展相脱节。我国编辑出版专业的课程设置基本上包括三个部分，一是专业基础知识，二是不同学校的特色专业，三是最新理论成果和实践技术介绍。在大多数学校中，课程设置以专业基础知识为主体，对于特色专业、最新理论成果和实践技术介绍则关注较少。有的学校甚至基本上没有自己的特色课程，仅仅是照抄、照搬其他学校课程设置。最新理论成果和实践技术介绍明显偏少，而且课程内容陈旧、滞后现象严重。

三、编辑出版学研究生教育的发展思路

1. 将编辑出版学列入研究生学科专业目录已成当务之急

十多年来，我国编辑出版学研究生教育在实际工作中已经取得了相当丰硕的成果，但总感到“名不正言不顺”。要根本改变目前“借鸡下蛋”即挂靠在其他专业下培养编辑出版学研究生的方式，这种散兵游勇式的教学方式难以形成规模，得不到应有的重视和资金支持，制约了人才的培养。虽然，近年来一些高校利用一级学科的优势，自行设置了编辑出版学的研究生专业，但由于具有一级学科授予权的高校数量太少，大部分高校仍只能在其他相关专业下才能培养编辑出版专业方向的研究生。这种人才培养模式，不易为用人单位所接受，不利于教师开展科研，也不利于该专业的学科建设，极大地影响了编辑出版学教育的发展，更不利于我国出版产业的发展，尤其是面对加入世贸组织后出版业面临的新形势。

实际上，目前在我国高校中设置独立的出版学硕士、博士学位点的条件已经具备。北京大学、清华大学、南京大学、武汉大学、河南大学等高校的编辑出版学方向的研究生教育经过十多年的发展，已经形成了一定的规模，具有了一定的影响。这些高校都具有在相关专业下培养编辑出版学方向研究生的经验，无论在导师素质还是在课程设置上都能够胜任出版学研究生的培养工作。出版产业的飞速发展，促进了编辑学、出版学研究的发展、繁荣。中国出版科学研究所以及各高校出版研究机构的设立，直接推动了出版研究的开展。这些，都为出版学研究生的培养奠定了良好的社会基础。

进入新世纪，全面建设小康社会的进程有力地推动了出版产业的发展，2004年我国书刊国内市场销售额已达1400亿元，占GDP的1%，超过了许多物质生产产业。建设和谐社会、构建国家文化安全、提高综合国力以及发展文化产业都对高层次出版人才提出了强烈的需

求。目前，存在的130余所编辑出版学办学点也迫切需要具有硕士和博士学位的专业教师，所以说，无论是从出版产业发展和出版教育急需的角度，从与国际接轨的角度，还是从建设和谐社会与传承优秀文化的角度，设立出版学研究生学位授权点已经成为当务之急。

2. 构建编辑出版核心课程体系

在我国现有的编辑出版专业研究生教育办学点中，由于挂靠专业不同，因而不同办学单位的课程设置也各不相同。总体来说，主要分为“新闻传播学”和“图书馆、情报与档案管理”两大课程设置方向。其中，挂靠在“新闻传播学”一级学科下的办学点在课程设置中以新闻传播学内容为主，如中国传媒大学新闻传播学院在新闻传播学硕士点和博士点中招收编辑出版方向的研究生，其开设的主要课程有新闻理论、报刊理论和实践、中国新闻史、中国广播电视史、新闻业务、广告学、媒介经营管理、新闻理论、传播心理基础理论、传播心理应用研究、传播心理测量与研究等。与之相比，挂靠在“图书馆、情报与档案管理”一级学科下的办学点在课程设置中则以出版发行学的内容为主，如武汉大学信息管理学院出版科学系为研究生开设的主要课程有出版发行基础理论、出版物市场与营销、出版企业管理理论、编辑理论与实务、出版法制、版权理论及版权贸易、中国出版史、出版物对外贸易、国外书业、书业财务管理理论、书业物流的组织与管理、书业计算机技术与应用等。

由此可见，我国编辑出版专业目前的核心课程构建并不适应“大出版”“大传播”的行业发展趋势。因此，在今后的教学实践中应该打破学科界限，注意学科融合，加强优势互补。第一，在专业核心课程设置中应该做到理论课与实践课并重；第二，应该增加邻近学科如新闻学、传播学的内容介绍；第三，应该保证设置文史知识等基本素质培养课程；第四，课程设置应该由业界、学界、管理部门共同商讨，结合教育资源，突出办学特色。

3. 加强师资培训

针对出版专业教育与产业实践相脱离的现状，应该加强师资培训，通过社会力量以产学研相结合的途径更新完善教师的知识结构，从而保证专业教育的可持续发展。

（1）行业协会措施

行业协会作为行业管理不可缺少的中介组织，可以通过组织师资培训，如设立培训基地、邀请业界人士和相关行业专家授课、组织编写新教材等方式提供专业教师优化自身知识结构的切实途径。

（2）高等院校措施

高等院校可以通过学校和企业联合办学方式进行师资培训，从而使教师在教学实践中及时补充自身所缺乏的一线知识，对自身的教学活动进行查漏补缺，使出版专业教育成为开放式教育。在目前的校企合作办学中，主要存在两种模式：第一，编辑出版办学单位与出版企业合作建立出版科学研究中心或研究所，共同研究业界发展中的新现象、新问题，例如北京师范大学中文系就与北师大出版社合作十多年共同培养研究生；第二，出版企业作为高校教学实践基地，为师生提供直观了解企业运作和产业发展的机会。

4. 建设专业精品教材

我国现有编辑出版学研究生办学点在教材使用方面主要存在如下几种情况：第一，使用一套固定教材，但师生均感到内容滞后；第二，少部分课程使用固定教材，多数课程则依靠教师自编讲义进行授课，因而课程内容缺乏体系性和连贯性；第三，全部使用教师自编讲义，内容科学性和时效性难以保证。因此，有必要组织相关业内专家和学者编写能够反映业界新变化和产业发展趋势的专业精品教材，以便为学生和接受继续教育的在职人员提供更有价值的专业知识。

在建设专业精品教材的过程中应该注意以下几个方面的问题：第一，遵循“总体规划、分步实施、突出重点、全面推进”的原则，根据产业发展要求确定核心课程以及教材范围、教材内容；第二，应该对办学单位目前使用教材情况进行调查，为教材的改革和建设提供数字依据，有的放矢地加以修订创新，注意吸收新知识新成果，反映学科前沿问题；第三，教材编写应该避免重复，集中各院校有关课程的师资力量，联合编写，提高质量；第四，树立“大出版观”，由主讲图书出版业务向讲授多元媒体经营管理转变；第五，组建富有实践经验的专家、学者、教师和管理人员结合的教材编审委员会，发挥其研究、咨询和指导作用；第六，教材设计应该提高科技含量，研制开发多媒体教材，形式多样，相互配合，便于辅助现代化教学。

参考文献：

1．桂晓风．进一步解放思想，转变观念，全面推进新闻出版人才资源整体开发工作［J］．出版发行研究，2004（12）．

2．聂震宁．产业新变化 人才新需求——在2005年“全国编辑出版学专业教育学科建设研讨会”上的讲话［C］．2005（7）．

3．肖东发．中国编辑出版学教育的思考与探索［J］．编辑之友，2003（1）．

4．肖东发，杨虎．关于出版人才与编辑出版教育问题的讨论［J］．出版科学，2004（1）．

5．许欢，肖东发．关于我国编辑出版专业教育的论争与调查分析［J］．中国出版，2004（10）．

6．黄先蓉．我国编辑出版学教育的历史沿革及其创新走向［J］．出版发行研究，2001（10）．

7．张文彦．研究生教育：出版业未来的脊梁——对我国编辑出版专业研究生教育的调查与思考［D］．保定：河北大学，2001．

8．盛洪，欧阳群．出版教育的校企合作模式［J］．出版发行研究，2003（9）．

9. 雷启立. 浅谈产业转型期的编辑出版人才培养 [J]. 编辑学刊, 2005 (1).
10. 陈丽菲. 出版教育卡在哪里 [J]. 编辑学刊, 2005 (2).
11. 诸葛蔚东. 从中日出版教育体制的差异看编辑人才的培养 [J]. 中国出版, 2003 (5).
12. 王剑波. 编辑素质分类与编辑出版教育模式的选择 [J]. 临汾: 山西师范大学学报 (社会科学版), 2002 (2).
13. 吴旭军. 扶桑归来话出版——第七届中日出版教育校际学术交流会散记 [J]. 出版与印刷, 2001 (4).
14. (韩) 李锺国. 韩国出版教育考察 [J]. 出版发行研究, 2000 (3).
15. 徐鸿钧, 徐锺庚. 牛津国际出版研究中心及其出版教育 [J]. 出版发行研究, 2001 (12).
16. (英) 保尔·查理森著. 英国的出版教育 [J]. 徐鸿钧, 徐锺庚, 译. 宁波宁波大学学报 (教育科学版), 2002 (2).
17. (日) 植田康夫. 日本的出版研究及出版教育 [J]. 中国编辑, 2003 (3).
18. (日) 稻庭恒夫. 日本出版工作者的职能资格和出版教育 [J]. 出版与印刷, 1997 (3).
19. (日) 吉田公彦著. 日本出版业与出版教育 [J]. 毛劲道, 摘译. 中国出版, 1997 (5).
20. 陆本瑞. 注重实际技能训练的美国出版教育 [J]. 出版与印刷, 1997 (2).
21. 杨贵山. 荷兰出版职业标准和出版教育 [J]. 出版发行研究, 1994 (6).
22. 杨贵山. 国际出版教育模式概览 [J]. 大学出版, 2000 (3).
23. 王振铎. 前进中的编辑出版教育工作 [J]. 编辑学刊, 1999 (5).
24. 杜飞龙. 浅谈世纪之交的中国出版与出版教育 [J]. 出版与印刷, 1997 (2).
25. 龚维忠. 我国高校编辑出版教育刍议 [J]. 编辑学报, 2003 (4).
26. 于友先. 现代出版教育与现代出版人才培养 [J]. 出版参考, 2003 (5).
27. 王波. 出版教育过去、未来共斟酌 [J]. 编辑之友, 2001 (3).
28. 周建新. 对出版教育专业设置的思考 [J]. 河南师范大学学报 (哲学社会科学版), 1994 (2).

29. 施勇勤. 我国出版教育的特点和发展 [J]. 出版与印刷，2002 (1).
30. 周奇. 关于21世纪出版教育的思考 [J]. 中国出版，2000 (9).
31. 张利辉. 中外出版教育的比较研究 [J]. 外国教育研究，1995 (5).
32. 许淳熙. 对编辑出版教育若干争议问题的思考 [J]. 编辑之友，1996 (5).

附：编辑出版学研究生学位办学点单位情况简表

序号	单位名称	办学层次	专业名称	研究方向	所授学位
1	北京大学新闻与传播学院	硕士研究生点	传播学	编辑出版学	文学硕士
		博士研究生点	政治学（国际传播）	中外出版管理	法学博士
2	北京大学信息管理系	硕士研究生点	图书馆学	编辑出版学	管理学硕士
		博士研究生点	编辑出版学	1. 现代编辑出版业研究 2. 文献目录学研究 3. 文献学理论与方法 4. 编辑学与出版事业	管理学博士
3	武汉大学信息管理学院出版科学系	硕士研究生点	出版发行学	1. 出版发行学基础理论与管理 2. 图书市场营销管理 3. 网络与电子出版 4. 编辑学 5. 出版文化与出版史 6. 版权研究 7. 期刊经营与管理	管理学硕士

3	武汉大学信息管理学院出版科学系	博士研究生点	图书馆学	文献与出版	管理学博士
			出版发行学	1. 出版学基础理论 2. 出版业建设与管理 3. 出版营销管理 4. 网络与电子出版 5. 出版业信息化建设与发展 6. 网络出版与书业电子商务 7. 编辑理论 8. 出版物比较研究 9. 古代出版史及出版文化研究 10. 出版政策与法规 11. 文化产业管理与版权贸易	
4	武汉大学新闻与传播学院印刷与包装系	硕士研究生点	制浆造纸工程	1. 现代印刷科技 2. 图文信息处理 3. 电子出版 4. 现代包装科技 5. 包装设计 6. 图像与动画	工学硕士

5	复旦大学新闻学院	硕士研究生点	编辑出版	1. 出版经营管理 2. 书刊策划 3. 印刷媒介文化	文学硕士
6	北京师范大学文学院	硕士研究生点	新闻学	编辑出版	文学硕士
		博士研究生点	文艺学	编辑出版	文学博士
7	清华大学新闻传播学院	硕士研究生点	传播学	媒介经营管理	文学硕士
8	北京印刷学院出版传播与管理学院	硕士研究生点	传播学	1. 书刊编辑学 2. 出版产业与经济 3. 数字传播	文学硕士
9	中国传媒大学新闻传播学院	硕士研究生点	新闻传播学	1. 编辑出版史论 2. 编辑出版业务 3. 电子出版编辑	文学硕士
		博士研究生点	新闻传播学	理论编辑学	文学博士
10	中国人民大学新闻学院	硕士研究生点	新闻传播学	出版营销	文学硕士

11	南京大学公共管理学院信息管理系	硕士研究生点	图书馆学	编辑出版研究	管理学硕士
		博士研究生点	图书馆学	待定	管理学博士
12	南开大学商学院信息资源管理系	硕士研究生点	图书馆学	图书与出版管理	管理学硕士
13	南开大学文学院	硕士研究生点	传播学	1. 媒体编辑 2. 应用传播	文学硕士
14	南京师范大学新闻与传播学院	硕士研究生点	传播学	编辑与出版	文学硕士
15	南京师范大学文学院	硕士研究生点	古典文献学	中国编辑出版史	文学硕士
16	兰州大学新闻与传播学院	硕士研究生点	传播学	新闻学 （含编辑出版方向）	文学硕士

17	河南大学新闻与传播学院	硕士研究生点	新闻学	1.编辑出版学史论研究 2.编辑出版媒体应用研究	文学硕士
18	河北大学新闻传播学院编辑出版系	硕士研究生点	传播学	出版与科技传播	文学硕士
19	华东师范大学传播学院传播学系	硕士研究生点	文学与传媒	传媒实务（含编辑出版理论与实务、广告传播理论与实务）	文学硕士
20	苏州大学文学院	硕士研究生点	传播学	编辑与出版	文学硕士
21	湖南师范大学新闻与传播学院编辑出版系	硕士研究生点	传播学	编辑出版学（含中国编辑出版史、书籍编辑学概论、期刊编辑学概论）	文学硕士
22	陕西师范大学新闻与传播学院编辑出版系	硕士研究生点	新闻学	图书出版与文化产业	文学硕士

23	陕西师范大学新闻出版科学研究所（学报）	硕士研究生点	传播学	1. 媒介发展与管理 2. 传播理论与实务 3. 编辑与出版 4. 广播电视编导	文学硕士
24	四川大学文学与新闻学院新闻系编辑出版专业	硕士研究生点	传播学	编辑出版研究	文学硕士
25	安徽大学新闻传播学院编辑出版学系	硕士研究生点	传播学	应用传播学（含编辑出版方向）	文学硕士
26	内蒙古大学蒙古学学院新闻出版学系	硕士研究生点	新闻学	蒙古族出版史	文学硕士
27	浙江大学人文学院新闻与传播学系	硕士研究生点	传播学	出版学	文学硕士
28	西安交通大学人文社会科学学院	硕士研究生点	传播学	1. 理论传播学 2. 应用传播学 3. 媒介管理	文学硕士
29	东北师范大学	硕士研究生点	传播学	编辑出版	文学硕士

30	中国科技大学人文与社会科学学院科技传播与科技政策系	硕士研究生点	传播学	编辑出版	文学硕士
31	华中科技大学新闻与信息传播学院	硕士研究生点	传播学	1.传播理论 2.传播实务 3.媒介学 4.网络传播	文学硕士

说明：

1．表中信息采自各院校研究生院主页所颁布的研究生招生简章或专业目录（以2005年为主），个别挂靠在其他专业的办学点信息由相关院校教师提供。

2．研究方向以与编辑出版直接相关的名称为主填写，个别办学点设有的其他研究方向未予统计。

两岸携手共创华文出版美好未来[①]

——2005年首届海峡两岸华文出版论坛综述

伴随着世界经济一体化进程的不断推进和中国国际影响力的不断增强，华文出版已经成为世界出版界关注的焦点。为了准确把握世界出版格局、推动华文出版再创佳绩，2005年9月3日“华文出版的机遇与挑战”研讨会在北京胜利召开，本次会议由北京大学现代出版研究所和台湾南华大学出版事业管理研究所联合主办，台湾南华大学世界禅学研究中心、台湾南华大学华文出版趋势研究中心和中华发展基金管理委员会给予了积极协助。

来自两岸出版界的官员、专家、学者和研究生等八十余名代表参加了本次研讨会，他们就华文出版的现状与趋势、新媒体新文化给华文出版带来的影响、华文出版与专业教育等问题进行了热烈的交流和探讨，并共同总结了发展华文出版的积极对策。

一、华文出版的发展与前景

分析华文出版的发展环境、明晰华文出版的现状与问题，是准确把握华文出版未来走向的基础。时任新闻出版总署图书司审读处处长辛广伟、南华大学出版事业管理研究所所长万荣水、北京大学新闻与传播学院研究生周易军等分别围绕这一主题进行了精彩演讲。

---

①本文与杨琳合作完成

辛广伟处长在题为《华文出版的现状与发展趋势》的专题报告中分析了目前世界范围内华文出版的发展现状和发展趋势，在此基础上对中国内地出版业从出版总量、人均消费、地区差异、城乡差别、产业布局等方面做了全面介绍，并将“中国出版业的新特征”总结为以下四个方面：出版法制建设取得初步成果；出版深刻变革已经开始；市场持续变革增长；市场继续对外开放。

万荣水所长和李锡敏先生在题为《产销两端加值与华文出版市场的发展》的主题演讲中介绍了在以数字化及华文共同市场为条件的情况下，台湾出版界精英如何通过“生产面加值”与“销售面加值”途径，寻找适当的因应困境、追求发展与成功的经验。他们从六家台湾出版先进企业的案例及经验中提炼出“生产面加值”与“销售面加值”的操作模式，并探讨了华文出版市场发展的价值链模式。

周易军同学在题为《海峡两岸华文图书合作出版》的研究论文中阐述了海峡两岸华文图书合作出版的发展脉络和未来展望。论文分析了两岸开展图书合作出版的动因和条件，总结了两岸图书合作出版的模式和特点，揭示了近十七年来两岸图书合作出版在两岸文化交流、产业发展等方面的作用，指出了两岸图书合作出版中存在的一些问题，并针对这些问题提出了解决方法和建议。最后，作者展望了两岸图书合作出版的前景：政府将视台湾在祖国大陆设立的各种合资出版公司、文化传播公司、工作室或代表处为无形的出版产业特区看待，既不鼓励，也不限制；台商投资的分销企业或印刷企业上市融资，可以增强对相关出版社的影响力；利用对两岸出版资源的整合和业已壮大的力量，进军海外华文图书市场，共同开拓国际出版物市场。

二、新媒体新文化与华文出版

出版业作为社会文化的生产传播者，受新媒体新文化的影响尤为明显。北京大学新闻与传播学院副院长谢新洲、南华大学出版事业管理研究所副教授黄汉青、南华大学中日思想研究中心主任欧崇敬等就新媒体新文化给华文出版带来的多方面影响与代表们进行了交流。

谢新洲教授在题为《大陆网络出版的问题与走向》的专题报告中总结了祖国大陆网络出版产业近年来的强劲发展，并强调出版主体界定、版权保护、费用与收益、阅读方式、技术与标准、保存与收藏是阻碍大陆网络出版业顺利发展的重要问题。在此基础上，他将祖国大陆网络出版业的未来走向概括为：著作权集中管理组织将涌现出来；网络出版物的价格将会上涨；网络出版物的存储介质多样化；网络出版将催生一批“超级出版社”；网络出版的周期会越来越短。

黄汉青先生和苏新益同学在题为《台湾漫画市场的回顾与展望》的主题演讲中首先概述了台湾漫画市场的发展历程，然后分析了台湾漫画目前发展的两大困境：一方面是拥有多样视觉效果的网络或计算机游戏、动画等对纸介质漫画的冲击，另一方面是日本漫画对市场的侵蚀。在演讲最后，他们探讨了台湾漫画产业的发展趋势，即应采取异业结盟的方式来经营，以便通过这样的机制，来实现不同领域消费者之间的交流。

欧崇敬先生和许丞宏同学在题为《互联网游戏的后现代文化发展趋势分析》的研究报告中分析了互联网游戏在不同国家和地区都已成为迅猛增长的新兴业态，同时也成为网络出版的重要组成部分。报告在列举调查数据的基础上论述了互联网游戏对社会文化的影响作用，并勾勒了海峡两岸发展网络游戏的合作前景——台湾优秀的营销企划人才与祖国大陆优秀的美工程序技术人员合作开发大陆市场，共创双赢的局面。

三、华文出版与专业教育

符合产业发展需求的人才储备是华文出版得以开创新局面的关键，北京大学现代出版研究所所长肖东发、南华大学华文出版趋势研究中心研究员刘文忠对此阐发了独到的见解。

肖东发教授和杨琳博士生在题为《华文出版与专业研究生教育》的主题报告中论述了华文出版的飞速发展给编辑出版专业研究生教育带来的机遇和挑战。报告指出，出版产业链的变化产生了对新型高级人才的需求，高校编辑出版专业的教学应当与此相适应，大力发展研究生教育。报告以调查数据为基础，分析了大陆目前31个编辑出版专业研究生教育办学点的现状，指出办学点专业归属不明确，重复设点、资源浪费，教学内容与产业发展相脱节是上述办学点中存在的主要问题。在此基础上，报告提出了发展编辑出版专业研究生教育的对策：尽快将编辑出版学列入研究生学科专业目录；构建编辑出版核心课程体系；加强师资培训；建设专业精品教材。此外，报告还建议把北京大学现代出版研究所和台湾南华大学出版事业管理研究所的长期合作制度化——在每年9月初北京国际图书贸易博览会期间两所合办研讨会，力争扩大规模、增强影响。两所还可以此为契机开展多方面合作，如师生交流互派、开展华文出版的课题研究、合作出版科研成果等。

刘文忠先生在题为《华文字体相关的出版、学习与市场发展问题》的专题演讲中指出汉语学习热潮已经给华文出版带来了巨大的商机，出版人才的培训已成为出版同业跨区域成功的关键因素之一，并可从以下四点进行强化：1. 在现有条件下，进行相关政策、法规、出版发行及书店经营的研讨交流，各大出版、发行、印刷集团划拨经费定期对出版从业者及专业人士进行短期培训。2. 建议北大、清华、北师大、传媒大学、印刷学院、南开、武汉大学、首都经贸大学、浙江大学、苏州大学等大学院校现有出版科系及研究生班，对出版业者开放。3. 借总署出版培训中心定期召集已在大陆运作的书业同仁开设研修班，加强实务及政策指导，并发给结业上岗证。4. 针对港、澳、台及华侨出版业者需求，比照民营书业管理办法进行管理。此外，刘文忠先生还提出了大陆华文出版业进军国际市场的建议：1. 通过有图书进出口权的外贸公司将已经出版的成品图书出口到世界各地，利用当地侨胞开办的书店、文化公司在海外销售。2. 出版社与海外出版商洽谈，通过转让版权、版权贸易的方式，把中文图书的海外版版权授予或转让给有关出版商，使其在海外出版发行。3. 以出版社名义，由政府资助出版相关图书。4. 在大陆将已经出版的中文图书，经过选择，翻译成外文出版，然后出口外销。这类图书主要销售对象是西方人士。5. 针对海外市场的需求，与海外出版商共同合作、共同投资，出版有关中国题材的图书，在海外发行。

本次研讨会促进了两岸出版界的相互了解，扩大了两岸出版界的相互交流，为两岸出版同仁携手共创华文出版美好未来打下了良好基础。

中法图书版权贸易初探[1]

——2006年第二届海峡两岸华文出版论坛发言

在目前我国出版领域尚未完全对外放开的情况下，我国版权引进和输出逆差现象日益严重，西方强势文化对我国国民的价值观、思维方式、行为方式产生了较大的影响，版权贸易不仅应该高度重视本国文化安全，让本民族的悠久历史和灿烂文化得到弘扬和继承，也要关注外来文化和本土文化的冲突，以促进版权引进沿着正确的方向发展，促进外来文化与本土文化的融合。在以美国为首的西方大国推行“文化霸权”的背景下，中国和法国两个文化大国意识到文化特别是出版和版权贸易在本国所起的作用，积极地加强合作，共同抵制美国等强势文化的冲击，在这种情况下两国的版权贸易是值得研究的个案。笔者采用了文献研究法、比较研究法和调查研究法对此个案进行较为深入地剖析，已取得较为确切的资料，可看出经过近年来中法两国的重视和努力，图书版权贸易不尽如人意的方面已经出现转机，但要改变这一状况，还要付出更加艰苦的努力。

---

①本文与周悦合作完成

一、中法两国之间的图书版权贸易现状与分析

就我国而言，新中国的对外出口业务可以追溯到1949年，当初只有中国书店开展出口业务。而我国真正有法律意义的版权贸易是在加入两个版权国际公约之后开始的。十几年来，我国的版权贸易事业有了较大的发展：数量品质显著提高、代理机构和出版社共同发展、宏观指导与服务明显加强，但是我们必须清醒地看到我国的版权贸易存在着严重的逆差。中国的出版物并没有真正进入西方国家，没给欧美国家带来普遍性的影响。中国本土文化走出国门、走向世界仍然任重而道远。

法国是图书生产、销售和出口大国。目前，法国共有4000多家出版社，每年出版新书约4.5万种，其中1/2为新书，1/2为重版书，每年营业额为24亿欧元左右。从经济方面来看，出版业属于一个小的经济行业，但它在文化行业中又数老大，超过了影视、唱片业。出版业已成为法国的“第一文化产业”。虽然法国人口仅有5000多万，但在全球图书市场中，其图书销售额和版权贸易量却占到了全世界的14.7% 。

中国与法国的图书贸易交往以文学艺术、社会科学较多，这和两国共同拥有悠久的历史和丰厚的文化资源是分不开的。法国每年翻译的中国图书数量平均为76本，这在法国庞大的图书市场上只能算是冰山一角，更不能说中国图书在法国引起什么轩然大波、起到什么重要的作用了；中国目前的政治经济领域正在蓬勃发展中，因此法国人也在这方面引进了较多的图书，中国的科技水准还在借鉴学习英、美、德、日等发达国家，因此法国不会引进太多中国的科技图书；法国本身丰厚的文化底蕴使得他们似乎对中国文学、艺术不太感兴趣，2000—2005六年间引进了文学、艺术图书一共才10本，这与中国几乎每年都要从法国引进70本左右的文学、艺术图书形成了鲜明对比，另一方面也说明了国内文学、艺术图书在法国市场遭到了“冷遇”。

表1：2000—2005年间翻译成法文的中文书籍统计[1]

类别＼年份	2000	2001	2002	2003	2004	2005
哲学、历史、宗教	25	16	16	17	20	15
法律、经济、政治	56	45	28	53	93	51
科学和技术	2	0	2	0	2	7
文学和艺术	2	4	0	1	2	1
总合	85	65	46	71	117	74

表2：2000—2006年间翻译成中文的法文书籍年度出版统计[2]

类别＼年份	2000	2001	2002	2003	2004	2005	2006
哲学、历史、宗教	37	17	31	31	38	67	43
法律、经济、政治	14	9	12	13	13	16	16
科学和技术	10	13	11	7	1	9	12
文学和艺术	52	68	59	62	74	72	73
总合	113	107	113	113	126	164	144

从以上表格结合调查所得的2000—2006年间翻译成中文的法文图书统计可知：

首先，国内出版社每年出版的翻译成中文的法国图书总数都在100种以上，数量不算少，但是比起从英美等国引进的图书数量来说，还是有较大差距。内容主要集中在法国历史、哲学、文化，诸如《法国文化史》《法国文学简史》《法国史图说》《火的精神分析》等书，国内读者也比较愿意从这方面来了解法国的过去和现在，法国哲学家的思想体系等；法国文学和艺术也是中国引进版权的重头戏，一

①资料来源：法国国家图书馆东方部主任裴程提供

②资料来源：中国国家图书馆书目，http://www.nlc.gov.cn/GB/channel1/index.html

方面不断再版的经典法国名著如雨果的《巴黎圣母院》，仅2000年以来，延边人民出版社在2001年，西藏人民出版社在2003年，中国书籍出版社在2006年都出版了该书，虽然有些资源浪费的嫌疑，但也说明了目前市场上还有对法国名著的大量需求，国人（尤其是中学生们）仍然需要阅读经典，提高文化素养，增长知识，陶冶情操；另一方面不忘引进一些现当代的法国文学作品，比如中国传媒大学出版社出版的一套“法国当代经典戏剧名作系列”就包括了《小树林边》《巴比罗大街》《无动物戏剧》《风雨依旧》《森林正前夜》和《远离阿贡当市》六本书让国内读者能够了解到法国的当代戏剧，也是不错的选题。

其次，出版社往往以一套丛书的形式引进一系列图书，除了上述提到的“法国当代经典戏剧名作系列”外，江苏教育出版社出版了一套“彼岸人文译丛”，包括了法国作家加斯东·巴什拉（Bachelard Gaston）的《科学精神的形成》、蜜雪儿·维诺克（Winock Michel）的《法国知识分子的世纪》、吉尔·德勒兹（Deleuze Gilles）的《德勒兹论福柯》、埃马纽埃尔·列维纳斯（Levinas Emmanuel）的《从存在到存在者》和美国作家汉娜·阿伦特（Arendt Hannah）的另外三本书，从法国和美国分别一次性引进四本和三本书，这些做法都为出版社减少了每次谈判的交易成本，增加了收益，是值得推广的版权引进的方式。

再次，缺乏新意，过多重复。如法国女作家玛格丽特·杜拉斯受到中国读者的热捧，她的文集和单本图书都被多家出版社出版：春风文艺出版社在2000年出版了一套《杜拉斯文集》，上海译文出版社2005年又出版了“玛格丽特·杜拉斯作品系列”。杜拉斯小说中最火的一本《情人》1986年就在上海译文出版社出版过，1997年它被收入该社的“现当代世界文学丛书”中再版，2004年被收入该社的“玛格丽特·杜拉斯作品系列”再版，2005年和2006年重印，不仅是上海译文出版社连续出版该书，四川人民出版社1985年、北京出版社1986年、青海人民出版社1995年、深圳海天出版社1999年都分别出版过此书，统计一下，自从《情人》一书引入中国以来，共有6个出版社出版了8个版本，一来属于重复浪费，毫无创新，二来读者在市面上见到的版本过多，无从区分好坏，难以取舍究竟应该买哪一个版本最好。

最后，从法国引进图书的出版社类型众多。不但有专攻翻译和文学方面的出版社，如上海译文出版社、南京译林出版社和人民文学出版社，也有许多综合的大型出版社，如商务印书馆和人民大学出版社等，还有一些小型的出版社，如大连理工大学出版社和喀什维吾尔文出版社，整体的覆盖面很广，说明我国出版界普遍对法国图书有认同感，认为法国的图书值得引进，会带来经济效益和社会效益。另外，图书的翻译者大多比较集中于专业或职业的翻译家，除了著名的傅雷先生翻译过一系列的经典作品外，还有余中先、怀宇、桂裕芳和杜小真等人翻译了大量的法国人文社科类作品，这些译者本身对法国历史和文化有着较深刻的研究，自己就出版过这方面的专著，如余中先的《法国文学大花园》、怀宇的《近观法国》和杜小真的《存在和自由的重负：解读萨特〈存在与虚无〉》等，加上他们的翻译水准较高，翻译作品不但含义流畅，而且文字优美，读起来是一种享受；同时我们也看到，由于图书市场的急功近利环境，一些出版社只能请到二三流的翻译者，使得这些译作整体品质不高，影响了社会效益和经济效益。

1999年和2000年，时任中国国家主席江泽民和法国总统希拉克在互访时共同商定，两国在对方互办文化年。经过两年多的精心筹备，2003年10月6日，中国文化年率先在法国隆重开幕，随后，在“古老的中国、多彩的中国、现代的中国”的主题下，中国文化年的各项活动在法国六边形的国土上如火如荼地展开。在中国文化年期间，中国艺术家向法国公众展示300多个文化项目，全方位、多视角地展示了中国悠久灿烂的民族文化、绚丽多彩的民间艺术、博大精深的民族传统和朝气蓬勃的当代文化精神，通过文化这面镜子让法国、欧洲乃至整个世界来感知中国、了解中国、认识中国。随后，在“以人为本和革新”“浪漫与创新”为主题的法国文化年在中国北京、上海、天津等20余个省市以及香港和澳门举行，向中国公众全面展现了一个不仅以丰富的传统文化遗产享誉世界，而且在工业革命历程中也取得巨大进步的现代法国形象。

整个中法文化年活动，以其时间跨度之长、规模之宏大、影响范围之深远，成为中外文化交流史和国际文化交流史上一次有益的成功尝试，也为维护人类文化多样性做出了可贵的贡献。通过下表，我们可以分析得出中法文化年对中法两国图书版权贸易起到了真实的促进作用。

表3：2000—2005中国与法国版权贸易资料统计表①

年代	2000	2001	2002	2003	2004	2005
引进	259	181	194	342	313	320
输出	0	0	1	11	4	7

2000—2002年间，中国仅向法国输出图书1种，2003年，法国举行了“中国文化年”的活动，该年中国一下子就输出11种，引进图书342种（比上年多了148种），不得不说是一种飞跃。而2003年以后，中国引进的法国图书一直保持在310种以上，每年也都有几种图书向法国输出，虽然不多，有待提高，但这也说明了举办“中法文化年”确实在促进两国版权贸易上起到了不小的作用。

①根据中华人民共和国国家版权局官方网站提供数据制作，http://www.ncac.gov.cn/

中国和法国作为世界上的两个文化大国，在各自的出版现状和版权贸易方面有着自身的特点，中国版权贸易逆差严重，法国政府大力扶持出版与文化产品外销，中国近几年来各类型的出版社都引进了不少的法国图书，存在着一些重复浪费和翻译水准低等问题，同时，他们又都受到了美文化的冲击，在中法文化年的促进下，两国加强了文化交流和版权贸易，但是仍然存在着一些制约因素，将在下一章进行论述。

二、中法图书版权贸易的制约因素和主要问题

尽管经过“中法文化年”的强力促进，两国关系又如此密切和友好，中法版权贸易的各项指针仍不容乐观，交易量远远落在英美日甚至韩国的后面，这对法国这样一个文化大国和出版大国来说似乎是不应该的。对此，笔者找到了以下几方面的原因：

1. 内容本身的吸引力不够

法国是欧洲古老的国家，经济总体来说很发达，在国民生产总值上仅次于美、日、德，居世界第四，但是科技上除了建筑、酿酒等行业领先之外，都还不足以排在世界前列，优秀的科技图书并不是很多；中国是发展中国家，要想迅速发展起来，必须直接借鉴国外最先进的技术和理念，加上近年来美国科技力量的不断增长、经济学的拓展，他们向发展中国家输出大量的科技（不包括核心的原代码等）和经济管理知识，导致法国科技图书在中国市场上无利可图。

2. 法国图书在中国市场难以站住脚

从2000—2005年全国图书版权引进地情况统计（表4）可以得出：一直以来，中国引进的图书数量第一的地区都是美国，其次是英国，从法国引进图书的数量排在第6名或第7名，这是一个值得思考的问题，为什么我们从这个历史悠久的法国引进的图书数量不能占据前列呢？其中，一个重要原因就是法国图书在我国市场上鲜有畅销，除了上述所说的法国图书内容上不是很符合我国发展需求之外，最大的根源问题就是英美文化的强势冲击。中国长期以来的版权贸易逆差已经造成了我国出版社引进图书版权的习惯是先考察英美等国家的新书和畅销书，其次是考虑台港地区，再次是亚洲圈的日韩，仅从欧洲来说，中国对英、德引进的图书比法国多，所以法国图书在我国只能排到这些国家和地区的后面了。

表4：2000—2005年全国图书版权引进地情况统计

国家 年份	美国	英国	德国	法国	俄罗斯	加拿大	日本	韩国	其他地区
2005	3932	1647	366	320	49	39	705	554	1770
2004	4068	2030	504	313	20	80	694	250	2081
2003	5506	2505	653	342	56	39	838	269	2308
2002	4544	1821	404	194	10	9	908	275	2072
2001	3201	1129	410	181	104	26	776	97	2275
2000	2937	1224	345	259	43	59	680	82	1716

另一方面，中国每年输出到法国的图书寥寥无几，不用谈是否能在法国图书市场上站得住脚，光是法国愿意翻译和出版中国的图书就比较难，因此法国出版商宁愿把精力和工作重点放在书价更高的欧美经济发达国家上。

3. 中法两国出版业之间交流与谈判存在问题

法国来华参加北京图书博览会的专业人士越来越多了，但中国赴法参加巴黎图书沙龙的出版人却仍然不多。图书博览会仅仅是出版交流的一个小小平台，大量的工作在于日常的联系和交流。应该说，国内出版界对法国同行的熟悉程度是比较低的，法国出版界对中国同行的了解似乎更加欠缺。出版者胡小跃在巴黎考察后回来说："我与法国出版人交流时，常常能感到他们对中国市场的憧憬和向往，可惜，大部分出版商对中国出版界的了解近乎空白，即使机会来临，他们也不敢贸然出击。另外，法国人一直很怀疑中国图书的印刷册数，他们殊不知5000册是一般图书的起印册数，总觉得无论如何不应该这么少，因为他们认为中国有那么多人口，光新华书店就有那么多网点，每个城市、每个网点卖上一本就不止这个数了”[①]，直接反映了法国出版界对中国出版业现状的了解太少，总是以欧洲人的阅读率乘上中国的十三亿人口来判断中国的图书市场，是带着想象的成分来和中国出版社谈判的。

另外，在版权谈判时，即使中国出版社已经给法国出版社很高的版权费用，也答应了对方所有条件，但是法国出版社仍然可能不够信任、不够放心或者带有成见，谈判谈了半天还是决定不将图书的版权转让给中国出版社，有一种可能是因为法国的许多出版社在转让国际版权时，必须征求作者的同意，而法国的一些作者，尤其是那些大牌作家常常失踪，他们也许会几个月甚至半年一年隐居一隅，谁都找不到。所以，与法国出版社打交道，需要一定的耐心。

4. 翻译问题

和英语相比较，法语处在边缘化的位置，即使现在中国学习法语的人数在不断增长，到法国留学也成为一股风潮，但是说到真正有高水平的翻译法文书籍者还是很紧缺；在法文图书版权转让方面，如今最薄弱的环节是作品的翻译。出版社给的稿酬太低，翻译品质有待提高，尤其是译者寥寥无几，而且很多译者年事已高，“桂林漓江出版社的法国文学编辑金龙格说他们之中也只能找出十来位能熟练地翻译法国文学和人文科学的译者。像深圳海天出版社的胡小跃或者漓江出版社的金龙格一样，中国出版界十来位懂法语的编辑承担了相当一部分

①胡小跃．学习·交流·理解　亲身感受法国出版界[N]．中国图书商报，2006-08-25

作品的翻译工作”[①]。在法国真正通晓中华文化的人更是不多，许多真正对我国历史文化了解的学者往往一心从事学术研究，无暇为图书进行翻译，因此两国都缺乏大批的专业翻译家帮助图书和文化的沟通。

三、中法图书版权贸易困境的解决办法和未来展望

基于上述的分析，针对中法两国图书版权贸易所面临的严峻形势，笔者提出以下建议，以期对中法出版业的进一步发展提供一些参考：

1. 大力发展内容产业，使本国图书对外具有吸引力

图书最根本的价值还是在于内容，能否出版“传世之作”并能向全世界广泛传播是每个出版社的终极追求。因此，两国出版界应该首先从图书自身的内容出发，提高图书品质和吸引力，从选题策划阶段就可以为适合的图书进行对外输出的准备。法国应加强发掘当代的、鲜活的现代文化、科学技术和旅游资源，填补中国市场的空白。中国则不应局限于已经输出的中国传统文化、中医、气功等书籍，而应多向国外反映当代中国蓬勃发展的经济和社会生活的转变，力求让世界了解一个真实的中国。

2. 进一步加强沟通和交流

近年来，全球文化安全危机的现状引起了不少中国学者对同样力争保护文化多样性的法国这个合作伙伴的关注，但真正关注中法版权贸易的还不够多，这体现在专门的研究专著和学术文章较少，在实际的操作上，中法两国出版社还需加强出版国情、业务流程话语体系的彼此了解、借鉴和共融，加强理论研讨和业务交流；建立实体性选题策划互动和市场需求信息平台，主动提供有关新书的详细信息，给市场打通通路。

---

① （法）法布里斯·皮奥．法国出版业登陆中国面对7大问题[J]．金天，编译．出版参考，2004年第31期

3. 合力抵制“文化霸权”

英美等国家的文化推进政策不是从现在才开始的，有许多国家很早就注意到这个问题，并且早已开始积极地实施抵抗措施，法国就是个最好的例子：从君主时代至今天的共和国，法国政府始终给文化事业予以支持鼓励，最早采取的办法就是强调“文化例外”政策，文化保护是法国的传统，法国在保护本国文化、抵制美国的文化入侵欧洲方面做出了积极不懈的努力，1999年11月16日，法国总统雅克·勒内希拉克在爱丽舍宫接见来自世界各国的200名文化著名人士时说：“文化作品，无论什么表达方式，即使具有经济或工业方面的重要性，现在不是，将来也不是等同于其他置于市场规律下的商品，这是一个信念。”明确表示了法国不同意将文化纳入世贸组织服务贸易的规章之中[①]。2001年，法国总统希拉克在联合国教科文组织大会上正式将“文化例外”政策改为“文化多样性”政策，确认各种文化之间是平等的，没有占统治地位的文化，多元文化是现代化进程中的动力，得到了大多数国家的支持，法国的文化保护主义一直是全球的先例和主力。

4. 借“孔子学院”兴盛之机大力推广中国文化和图书

2004年3月，时任国务委员的陈至立宣布将中国设在海外的语言推广机构定名为“孔子学院”。孔子学院项目得到许多国家的热烈响应和支持，从2004年开始，我国在海外陆续设立了以教授汉语和传播中国民族文化为宗旨的非营利性的“孔子学院”，目前已有149所（包括孔子课堂），分布在52个国家和地区，其中亚洲52所、欧洲52所、美洲30所、非洲11所、大洋洲4所。平均每4天就有一所新学院创立。据2006年年底对全球40所孔子学院的抽样调查表明，尽管平均运行时间不到半年，但各校已开设汉语课程300多门，学习人数达1.3万人次。同时，参与孔子学院举办的各种文化交流活动的人数也超过了22

①肖云上．法国为什么要实行文化保护主义[J]. 法国研究，2000年第1期

万[1]，前还有40多个国家和地区的200多家机构提出了设立孔子学院的申请。中国政府大力支持世界各国创办孔子学院，希望通过汉语的传播，让世界各国人民更多、更直接地了解古老、多彩和现代化的中国。

我国在法国已经开办了5所孔子学院，在不久的将来要增加到7个[2]。孔子学院的兴盛可以说给中国的版权贸易带来了新的机遇，国内的出版社如果抓住了这个大好机会，多编好的汉语教材和多出中国文化类图书，多做推广活动，就能够取得丰厚的利润；另一方面，机遇背后是挑战，从版权输出图书种类上来说，眼下仍以中国传统文化为主，气功、保健、中医等图书都很受欢迎。但是，反映当代中国社会、经济、文化现实的图书还不够，这需要整个国家的支持和出版社自身的努力。

5. 大力培养“把关”型复合人才

版权贸易带来了巨大的商机，出版人才的培训已成为出版同业跨区域成功的关键因素之一，当大市场来临时，重要的是有无整合人才资源造大船的人。首先，应在教育事业中大力宣传中法传统文化，培养一批既熟知中国文化又通晓法国历史和语言的人才；其次，建议北大、北师大、传媒大学等现有出版科系及研究生班的高等院校开设的专业课程对出版业者开放，并特别加强中外版权贸易知识和概况的讲授；再次，总署出版培训中心定期召集已在大陆运作的书业同仁开设研修班，加强实务及政策指导，并发给结业上岗证；另外，还要培养具有国际视野、消化国际经验，研究、探讨和明确国外读者的真正需求，提供最适合他们口味的读物的人才，最终使得集翻译、版权贸易、策划和沟通能力为一身的优秀人才跟上社会的需求，同时从本国文化安全大局

①代小琳．世界各地掀起“汉语热”孔子学院平均4天增1所[N]. 北京晨报，2007-05-13

②法国驻华大使：希望法中有一个永不结束的“文化年”[EB/OL]. 人民网，2007-05-11，http://world.people.com.cn/GB/41214/5721143.html

着想，不能只顾经济效益，必须能在引进图书层面上进行严格“把关”，在文化产业中的图书出版这一环节上大力维护我国文化安全。

四、结论

文化安全在全球发展史上从来都有着重要的战略意义，人类社会发展到今天，金融资本、高新科技以及人们的思想正在以前所未有的方式和速度越过国界，世界文化多样性遭到破坏，文化安全受到威胁，大多数国家各自的文化特性正在慢慢地消磨，甚至有可能消失。中国和法国这两个文化大国和出版大国，在历史上拥有伟大的文化底蕴，但是现在却不得不面对多方文化的夹击，中国政府应该学习法国的文化政策，注意发展自身文化上的影响力，与法国等国家不但要在经济上加大合作力度，更要在文化上加大合作力度，加强图书版权贸易，进行符合文明和谐宗旨的“和而不同”的文化交流。由于作者初次进行两国的版权贸易研究，目前资料和时间都十分有限，还有许多不足之处。相信只要两国共同努力，突破中法图书版权贸易的潜在制约，解决当前存在的主要问题，两国就能将本民族的文化发扬光大，走向世界，为全球文化多样性做出自己的贡献。

参考文献：

1. 辛广伟．版权贸易与华文出版［M］．石家庄：河北人民出版社，2001.

2. 肖云上．法国为什么要实行文化保护主义［J］．法国研究，2000（1）.

3. 张书卿．法国政府对出版产业及文化产业发展的作用与作为［J］．出版发行研究，2006（1）.

4. 张银霞．德、法两国报刊、图书出版业考察有感［J］．宁夏电力，2006（6）.

5. 于平安．法国出版业大型集团唱主角［J］．出版参考，2004（8下）.

6. 徐振强．法国力主保护文化产品贸易［J］．瞭望新闻周刊，2001-11-19.

7. 彭新良．从“中法文化年”看我国的文化外交［J］．山东科技大学学报（社科版），2006（9）.

8. 于永湛. 关于中国出版走出去的思考 [J]. 出版科学, 2006 (2).

9. (法) 法布里斯·皮奥. 法国出版业登陆中国面对7大问题 [J]. 金天, 编译. 出版参考, 2004 (31).

10. 陈敏. 世纪之交的版权贸易和合作出版 [D]. 北京: 北京大学, 2003.

11. 王蕊寒. 欧美国际版权贸易发展研究 [D]. 北京: 北京大学, 2006.

12. 曾苑. 中国文化贸易逆差现象及可借鉴对策分析 [D]. 北京: 北京大学, 2006.

13. 肖东发, 周悦. 软实力的提升与华文出版——华文出版的挑战、机遇、问题和对策 [C] //《华文出版社与软实力: "海峡两岸华文出版论坛" 论文集 (2005—2009)》.

14. 胡小跃. 学习·交流·理解 亲身感受法国出版界 [N]. 中国图书商报, 2006-08-25.

15. 代小琳. 世界各地掀起 "汉语热" 孔子学院平均4天增1所 [N]. 北京晨报, 2007-05-13.

16. 法国驻华大使: 希望法中有一个永不结束的 "文化年" [EB/OL]. 人民网, 2007-05-11, http: //world.people.com.cn/GB/41214/5721143.html.

附录: 中国在法国开办的孔子学院概况

序号	名称	正式揭牌时间	主办或合办单位	现状与活动	其他
1	普瓦提埃大学孔子学院	2005.10.3	中国南昌大学、法国普瓦提埃大学以及中国中兴发展有限公司	同时开设4个教学班, 设有汉语课和中国文化课, 组织当地高中学生和中国留学生 "一帮一" 交流, 建设了中文图书馆、计算机房和语音室	2006年5月举办了中国主题博览会

2	巴黎第七大学孔子学院	2005.11	巴黎第七大学和武汉大学	设有商务汉语和旅游汉语、中国文化专题讲座、书法课、太极拳和烹调等课程。汉语课中有不同层次的班级，还有专门为汉语考试设置的课程。目前总共大约有4个班，开一个班最低人数为11人，最多22人	
3	巴黎中国文化中心孔子学院	2006.10	中国南昌大学、法国普瓦捷大学以及中国中兴发展有限公司	借助巴黎中国文化中心资源，举办汉语教学班23个，按照不同水准设立3个年级进行教学，并组织主体不同、形式多样的巴黎“汉语之夜”汉语会话交流活动	
4	布列塔尼孔子学院	2006.6.2	布列塔尼大区雷恩市欧洲大学中心和山东大学	发展向成年公众的对外汉语教学、推动文化活动，增强国民间的交流、推动中国汉语水平考试(HSK)，支持汉语教师培训	
5	拉霍什尔大学孔子学院	暂未揭牌	拉霍什尔大学与中国武汉大学、北京大学、复旦大学和南京大学	本着提升和传播汉语和汉语言文化的目标，向所有人开放，孔子学院将安置在亚太大学研究所新建大楼中，预计从2008年开始建设，在这所新大楼中，还将有Prep-Asia协会，此协会将促进中国及东南亚地区与拉罗什尔地区企业之间的联系与交流	仍在建设之中

三十年中国出版教育与科研同步前行①

——2007年第三届海峡两岸华文出版论坛发言

与中国悠久的编辑出版史相比，正规的编辑出版教育的历史非常短暂，1978年北京印刷学院成立，标志着我国出版教育的正式开始，到今天整整30年，与改革开放同步。在改革开放30年的历程中，出版教育在摸索中曲折前行，取得了空前的成就，并在发展中与出版科研活动互相促进共同进步。与此同时，作为出版业发展的产物，出版教育也在不断调整思路，积极为出版产业服务。而随着全球化的到来、新技术和新媒体的应用与普及以及出版产业变革的加速，编辑出版学教育和出版科研又面临着前所未有的挑战，如何调整自身以更好地为出版产业服务，成为产学研三方共同关心的话题。

一、出版教育应运而生，取得长足发展

1978年改革开放后，解放思想的启蒙运动迫切需要改变“文化大革命”造成的“书荒”现象，以满足人们压制已久的精神文化需求，而出版业的人才在“文化大革命”中大量流失，迫切需要思想素质、文化素养以及业务能力兼具的新生力量补充到编辑队伍中。当时的人才状况正如1983年6月6日中共中央、国务院在《关于加强出版工作

①本文与肖莎合作完成

的决定》中所说："出版队伍人数不足，青黄不接，思想水平和业务水平赶不上新形势的需要。"在此大背景下，编辑出版专业教育应运而生，并在国家大力支持下取得了长足发展。具体表现为以下三个方面：

1. 办学规模逐渐扩大，办学层次逐步提高

1978年北京印刷学院成立，1983年武汉大学图书情报学院与新华书店总店联手开办图书发行专业。1985年，在胡乔木同志的直接关心和指导下，北京大学、复旦大学、南开大学编辑学专业开始招生，以此为契机，我国编辑出版教育事业得到迅速发展。1986年，南京、河南、西安、四川等几所大学和科研机构借新闻、法学、文学、图书馆等学科的名义也开始招收攻读编辑学专业的研究生。但是，由于编辑出版专业高等教育匆忙开办，未经学术研讨和学科论证，缺乏充分的教学条件和市场调查，而在计划经济体制下的出版社尚缺乏活力，用人机制改革缓慢，少有指标给编辑出版学的毕业生，初期培养的学生并未得到社会的认可，甚至有些学校编辑专业的毕业生出乎意料地受到了出版部门的冷落。如武汉大学首批编辑学第二学士学位1991届毕业生仅20人，竟无一人分配到出版社，而大都进了行政机关和新闻单位。

1998年，国家教育部调整了高校本科专业目录，在一级学科新闻传播学之下，将编辑出版学列为二级学科。这次专业目录的调整使得编辑出版学教育"名正言顺"。20世纪90年代以后，出版业在向市场经济转轨过程中，规模和体制都得到了新的发展和突破，为编辑专业毕业生提供了一些新的就业机会；出版教育在十几年的摸索中也积累了一定的办学经验和理论基点，不少学校出于自身学科发展的需要，也需要编辑出版学的加入。在此背景下，编辑出版专业的开设数量开始增加。据统计，2002年开设编辑出版专业的院校有30多所，截止到2003年年底，全国设立编辑、出版、发行等专业的高等院校已有70多

所，在短短一年间数量就增加了一倍多。到2006年年底，北京印刷学院会议统计，设立编辑出版专业的高等院校已经超过100所。

1998年，国务院学位委员会批准北京印刷学院出版系和河南大学文学院招收传播学硕士研究生，研究方向为编辑、出版、发行。这是出版教育史上的一件大事，标志着我国编辑出版专业教育迈出了培养高层次人才的关键一步。在此之前，北京大学、武汉大学、南京大学等院校已经相继想办法“借鸡孵蛋”地在相关专业下培养了一批批以编辑出版学为研究方向的硕士研究生甚至博士研究生。如1999年，北京大学信息管理系博士招生目录中增设了“图书学与出版管理”方向。2001年北京大学新闻与传播学院成立后一直招收以“中外出版管理”为研究方向的博士生。2002年12月，国务院学位委员会批准武汉大学在“图书馆学、情报学与档案管理”一级学科下，招收出版发行学博士研究生，研究方向为编辑、出版、发行学；2005年北京大学也在图书馆学一级学科下自主设置了编辑出版学专业的博士点，还有许多院校在传播学学科范围内招收硕士和博士研究生，这是我国编辑出版学专业教育的历史性突破，标志着我国出版高等教育办学层级得到了进一步完善。据河南大学教授李建伟2007年的调查显示，当时已有35所高等院校、38个办学点招收编辑出版专业研究生，其中博士研究生办学点7个。

2. 教学资源日益改善，师资力量不断壮大

专业创办之初，各院系师资力量普遍不足，他们注意聘请实践经验丰富的资深编辑和业界专家参加教学活动，两方面密切配合，为出版业培养了很多优秀人才。经过多年的教学实践，又培养出相当一批从事出版教育和出版科研的学术性人才；而且随着编辑出版专业在职研究生的招生培养，一些兼具实践经验和理论知识的人才成批涌现，成为专业教学和科研的重要力量。此外，也有不少科研单位和业界人

士愿意到高校讲课，分享研究成果和工作心得，成为出版专业师资力量的有效补充。

优秀的教材是提高教学效果的重要保障之一。自开办出版教育以来，教材的编写量不断增多，从1988年由南开大学编辑专业教师组织编写的第一套编辑出版方面的教材开始，据不完全统计，截至2006年上半年，我国共出版编辑出版学专著和教材425部（种）。

教材质量也在随着数量的增多有所提高。第一套出版类教材出版后，1995年至1998年，辽宁教育出版社又陆续出版了18本“普通高等教育编辑出版类教材”。这套教材使用范围广泛，解决了编辑出版专业教育的燃眉之急。出版业的不断发展也要求教材的编写随之完善。近年来，中国人民大学出版社、武汉大学出版社、苏州大学出版社、中国传媒大学出版社等都编辑出版了成批的教材，20世纪90年代那套教材也由辽海出版社组织力量进行修订再版。

编辑出版专业培养的人才最终会输出到各个出版单位，因此出版单位理应积极扶持出版高等教育，为学生实习提供基地和指导。事实上，出版单位也已和高校形成了良好的合作和互动关系，如北京大学新闻与传播学院编辑出版专业与北京大学出版社、中国人民大学新闻学院编辑出版专业与人民大学出版社，武汉大学信息管理学院编辑出版系与湖北省新闻出版局都建立了良好的合作关系。这些出版单位不但为编辑出版专业学生搭建理论运用于实践的平台，也为学生了解业界动态、走向社会打下基础；另一方面，出版社也可以获得鲜活的创意和人才储备。苏州大学出版社总编辑吴培华教授还创出“五个一”的教学经验。

3. 海内外校际交流增多，合作模式日趋成熟

海内外校际间交流机会的增多，是对彼此教学能力的接受和认可。目前，越来越多的编辑出版专业老师受邀到外国讲学、参加学术

会议，而且不少老师的研究成果也得到了国家和社会的认可；有越来越多的同学赴港澳台以及国外进行交流、学习，他们的能力也得到了海外交流方的肯定，同时，成批国外的老师和同学源源不断地到中国进行讲学和交流。

在不断的沟通和磨合中，国内外出版教育机构的合作模式也日趋成熟，已经从最初的教师互访逐渐发展到现在的建立长期合作关系，比如北京大学新闻与传播学院与荷兰莱顿大学于2007年实现教师互访并在研究生层次建立起合作关系，而自2005年至2008年连续举办的四届海峡两岸华文出版论坛会议也是两岸同胞校际交流日渐成熟的象征。海峡两岸直航后，北京大学现代出版研究所、河北大学新闻与传播学院和南华大学出版与文化事业管理研究所之间的交流与合作会更加深入。此外，目前已经有多位台湾出版专业的硕士研究生毕业后考入北京大学、武汉大学攻读博士学位，我们相信今后会有大陆的同学去宝岛台湾的南华大学、世新大学相关专业的研究生班学习。

海内外校际交流机会的增多和交流模式的日趋成熟，给国内的老师和同学提供了更多“看海外”的途径。通过交流，我们也能够借鉴国外编辑出版专业办学的经验和教训，这些对全球化大背景下中国出版业的发展意义深远。

二、出版教育与出版科研同步前行

出版科研和出版教育同时起步于改革开放初期，并且随着出版产业的不断发展而进行必要变革，出版教育为培养更适合产业发展的人才而调整培养目标和培养模式，出版科研也在根据产业发展的变化不断提出并解决新的课题。在30年中，出版教育与出版科研互相扶持、同步前行，出版教育为出版研究的开展培养了大量的人才，而出版研究也通过参与教育过程、编写教材以及通过研究完善学科体系等途径反哺出版教育，二者在通力合作中共同又好又快地发展。

1. 高校成立研究机构，培养研究人才

20世纪90年代中后期，随着编辑出版学教育的稳步发展以及国家对编辑出版人才培养的重视，一批高校出版专业的科研人员、教学人员和攻读编辑出版专业的学生，包括硕士、博士研究生迅速成长起来，逐渐成为出版科研的重要力量。他们接受了正规的编辑出版学教育，处于较为宽松的学术环境之中，具有扎实的学术基础和背景，知识面较宽，接受新事物快，而且不少在职研究生和业界老师也具有丰富的实践经验，他们不仅对出版理论的研究做出了贡献，也注意把理论很好地应用于实践，以指导产业发展。因此，他们的研究成果也很丰富，对出版学、编辑学的深化起了不小的推动作用。

为了加强研究型人才的培养，不少高校还创办了编辑出版研究所或出版科学研究所，比如北京大学、武汉大学、南京大学、河南大学、山西师范大学、陕西师范大学、河北大学等都办有与中国出版科研所类似的研究所，北京师范大学还成立了出版研究院。这些高校研究所每年都申请并承担国家及部委级科研课题，在配合产业需求和专业教育进行调查研究的同时，也与专门研究编辑出版理论的研究机构和一些行业性团体进行了有效的合作，开展了多项课题研究。比如，北京大学现代出版研究所和中国出版科学研究所合作开展了“以出版创新提高中国软实力”“2000年以来英美法德日等国出版现状研究”等课题研究；在2002年中国出版科学研究所牵头承担的国家社科基金重点课题“中国出版通史”中，北京大学新闻与传播学院和信息管理系的师生也承担了很重要的工作。

2. 出版科研反哺教育，提供众多资源

（1）研究学科体系建设，以推动出版教育的开展。

学科体系是否完善和科学直接关系到教育中课程的设置以及人才的培养效果。

出版研究一起步，研究者们就对编辑学和出版学的学科体系架构展开了热烈的讨论，但未能达成一致意见。仅从关于出版学的不同著述来看，有的从出版工作的流程来探讨出版学，有的从出版经济和出版文化的角度来构建出版学，而有的则立足于出版物的属性。为了使学科体系更加完善，中国出版科研所2005年起承担了国家级课题“出版学科体系研究”，该研究重点在于明确出版学学科体系的内涵，科学设置课程，制定课程大纲，编写教材。目前该课题基本完成，相信这将为我国出版教育的系统化和科学化带来重大影响。河南大学和北京印刷学院也设立了学科体系、课程建设等课题进行了较为深入的调查研究。

(2) 测评业界人才需求，指导出版教育开展。

对业内人力资源现状及人才需求的研究，日益成为出版研究的重点之一。

随着产业的发展和变革，已经有不少文章探讨数字化和全球形势下人才需求的方向，进而探讨我国出版教育的发展之路。中国出版科研所所长郝振省研究员认为我国编辑出版业急需10种人才：选题策划人才、经营管理人才、版权贸易人才、媒体营销人才、出版经纪人、古籍整理及传播中国传统文化人才、网络出版人才、文化产业通才、图书艺术设计和出版专家等，并在此基础上探讨了本科生和研究生教育的重点培养目标。

而中国出版科研所正在进行的《新闻出版人力资源测评体系与人才库建设研究》，也将是对出版教育培养效果的一次测评。根据测评体系，出版教育界将更加清楚在教育中应努力的微观方向。

(3) 科研机构组织编写教材和工具书。

高校教师虽是教材编写的主要生力军，但科研机构特别是国家级科研机构对教材的编写也发挥了很好的组织作用。中国出版科研所成立不久就在边春光所长的领导下组织了多次教材编辑会议，如1989年烟台会议、1990年洛阳会议和1991年杭州会议，我们认为，20世纪90年代辽宁教育出版社的18本出版专业教材就是在这许多次会议的研究和讨论之下得以出版的。

出版史是出版专业教育的重要组成部分。而科研机构对出版史的研究，对于教师教学、出版史教材的编写等来说都很重要。中国出版科研所在组织、推动编辑出版史以及党的出版史研究等方面做了大量工作：建所之初就先后在张家界、太原召开了两次中国近现代出版史学术讨论会，涉及太平天国出版、清末官书局、基督教在华的出版活动、民国时期的出版等专题。1991年，中国出版科研所曾以“我国近现代编辑、出版、发行工作的优良传统问题”为主题，成立了课题组，并在第七届全国出版科学讨论会上集中研究和讨论了近现代中国出版优良传统问题，出版了两本论文集。在此前后，中国书籍出版社出版了不定期的《出版史研究》辑刊。2002年中国出版科研所牵头承担的国家社科基金重点课题“中国出版通史”，首次将中国3000多年丰富多彩的出版历史完整、全面地展现在世人面前，这也为丰富和完善出版史教材和教学提供了更多的素材。

对出版专业的教学来说，工具书的作用不可忽视。中国出版科研所在教材工具书的编纂方面也发挥了组织和中坚作用，比如组织编写了《出版词典》以及1980年创刊的《中国出版年鉴》和《中国大百科全书·新闻出版卷》等。

(4) 科研人员承担教学任务。

出版研究机构主要有三类。第一类是明确以编辑出版理论研究为主要活动宗旨的学术组织和专门性研究机构，主要从事理论研究，可以分为国家级和地方级两种，如中国出版科研所和各省市的出版研究室（所）。第二类是行业性团体，它们把开展出版研究作为其重要活动内容之一，如中国出版工作者协会、中国编辑学会、中国期刊协会、各省市的地方出版工作者协会等。第三类是高校创办的编辑出版研究所或者出版科学研究所。

高校成立的研究机构成员多为高校的老师和同学，他们本身就能够带着教育中出现的问题进行针对性研究，推进教育的良性发展；而且，随着这三类研究机构之间合作的增多，前两类研究机构中的一些成员逐渐加入出版教育的行列，在高校开设课程或开办讲座，将最新的研究成果与高校师生分享。

三、产业发展呼唤出版教育变革

从出版教育30年的历史来看，是产业发展的需求催生了出版教育，出版教育也注定要为产业的发展服务。21世纪以来，整体环境和出版产业都发生了巨大变革，一方面是经济全球化带来的出版国际化，越来越多的国际传媒集团意欲进军中国市场；另一方面是计算机和互联网技术的普及和应用带来的数字化浪潮，给传统出版带来了巨大的机遇和挑战。

在这种形势下，中国积极开展出版体制改革，以应对国际化和数字化的挑战，随之而来的是对人才的迫切需求，且人才需求的层次和类型也在不断变化。这些都对现存的人才培养模式、培养目标、教学内容和教学方法以及现存的教育资源提出了更高的要求。

而现在的事实却是，出版教育并未跟上产业发展的步伐，编辑出版专业培养的人才并没有受到业界青睐，这一尴尬与产业对人才的迫切需求形成的矛盾，更迫使出版教育做出相应的变革。面对这些，出版教育界也在努力探索。2006年11月，武汉大学和美国佩斯大学共同举办了“首届数字时代出版产业发展与人才培养国际学术研讨会”，对数字时代出版人才培养模式、机制、方式方法的改革进行了全面探讨。紧接着，北京印刷学院和河南大学都召开了同类会议。

在考察了产业发展对人才需求现状以及出版教育现状的基础上，我们提出出版教育今后改革的几个重点：

1. 拓宽就业方向，办出特色专业

目前，百余所专业教育点要想得到巩固和发展，一是要坚持宽口径厚基础，充分考虑到学生的就业问题，培养能够适应“大文化、大传媒、大出版”的通用型人才，不能仅盯着有限的出版社和期刊社，还要把视野扩大到音像、电子、网络以及各种新媒体以及方兴未艾的文化创意产业等更广阔的编辑出版人才需求。另一个思路就是要办出特色，在这方面武汉大学发行专业和印刷学院的印刷和艺术设计专业已经有了成功的经验。最近北京印刷学院又成功地创办了数字出版专业。其他院校也可以根据自己的基础和优势重点培养版权贸易、古籍整理、动漫产业、装帧设计、媒体经营管理等专门人才。

2. 培养业界急需人才

产业发展环境的变迁，产业自身发展的需要，是专业教育考虑的重点。在以上提到的十类人才基础上分析，眼下最缺乏的是以下四种人才：

一是既懂管理又懂出版的具有国际视野和大局意识的出版人和实干家。这一类人既能够在日益激烈的市场竞争中，寻找并加强自身的出版优势、保持自身的文化品格和追求，又能够从大局着眼，为出版业的整体发展而做出与时俱进的改革和变通。出版集团和出版社一级的管理者是中国出版顺利改革和实现可持续发展、提升文化软实力的重要保证。这样的人才不是现有的学校出版教育在短期内能够培养出来的，而是有实践经验的人才通过高层次的研修共同培育的，这也是专业教育和出版科研共同的任务。

二是有文化追求、懂市场规律的策划编辑。这一类人应该能够在信息爆炸的当今社会，从纷繁复杂的社会现实中看到市场的需求点，策划不同载体、不同内容的出版物，并且能够做到不为单纯的利润而策划选题，而是兼顾社会效益和经济效益。这是增强中国出版业综合实力、以提升我国文化软实力的必然要求。

三是了解国际出版现状的版权贸易人才。我国目前版权贸易逆差严重，输出和输入比常年在1∶10徘徊，而且还有很大一部分是输出到港澳台地区，出现这种情况的原因是多方面的，其中一个重要原因在于缺乏相关人才。因此，这一类人应做到不仅对国内外图书市场的状况了然于心，还要了解国外读者的兴趣和需求，将国内图书的版权及时售卖；同时也了解国外市场上的好书，结合国内需求，适当引进，做到有效率和有质量的图书的“走出去”和“引进来”。这是面临国际化竞争，中国出版走向世界的必然要求。

四是懂得运用新媒体进行营销的人才。这一类人应能够综合运用传统媒体和新媒体等手段，推动真正有价值的图书在全国每年出版的20多万种图书中脱颖而出。这是我国出版业市场化改革中出版实体微观发展的必然要求。出版业的市场化必然会引起出版物市场的激烈竞争，而能否做到在竞争中处于不败之地，不仅取决于内容质量，好的营销也是至关重要的。

面对这些需求，我国出版教育应该顺势而动，通过对培养模式、课程设置、师资力量等方式进行改革和突破来实现重点培养目标。

3. 出版教育改革具体措施（路线图）

今后的出版教育应该朝着多培养高层次人才、应用型人才的方向发展，具体来说应该从改革人才培养结构、完善师资结构、调整教学方法和课程设置、加大国际交流等方面努力。

（1）人才培养结构：研究生应成为专业教育培养重点。

上述提到的几类人才，无疑都是复合型人才。在纪念编辑出版学专业创办二十周年座谈会上，时任教育部副部长的吴启迪也强调，我国21世纪的编辑出版骨干人才应该是政治强、业务精、素质高、善管理的编辑出版人才，他们不但要有开拓创新的能力，同时也要能在国际竞争中善于把握时机、争取优势。这样的人才，只能是高层次的复合型人才。这样高层次复合型人才的培养任务，主要应当靠研究生教育特别是研究生专业学位培养来完成。

现在的就业的现实也表明了产业对研究生层次人才的偏爱。本科生就业遭遇困境——编辑出版专业的本科生大多没有进入出版单位是不争的事实，除发行单位仍需要本科生外，其他大部分部门招聘人才时都要求“硕士研究生以上学历”。而且，具备业务能力和管理能力、多学科背景，同时掌握传统和数字环境下出版技能的复合型人才，成为人才需求的重中之重。一般来讲，这种人才也是本科生教育无法达到的。

因此，基于这些考虑，今后应该扩大编辑出版专业硕士、博士的培养规模，同时适当控制本科生培养规模，并在适当的时候，如欧美高校那样设立注重学生职业技能的培训的专业学位（professional degree），为我国出版从业人员中相当一部分未受到过出版专业训练的人才提供提升自身的机会。

但是，目前的一个突出的问题是编辑出版专业并未列入研究生招收目录中，只是作为一个方向进行招生，所能培养的研究生数量非常有限，这也制约了编辑出版教育层次的提升和培养目标的明晰。我们也在不断呼吁国家将编辑出版学与新闻学和传播学并列列入研究生招生目录，使整个学科层次得以提升，增强编辑出版教育的专业性，从而更明确地确立培养目标，根据产业需求培养硕士生、博士生人才。

（2）完善师资力量：学术型和实践型教师并重。

目前各大高校中，学术型老师比例偏多，具备实践经验的老师相对较少，这对培养大批应用型人才是十分不利的。

今后，应该在保证学术型教师数量、培养学术性人才以保证出版科研等顺利开展的同时，增加有实践经验教师的数量。这可以从两个方面进行努力：

一是现有教师到出版单位进行锻炼。这些教师具备丰富的理论基础，一般来说也都具备理论联系实际的能力，在出版单位踏踏实实地干上一段时间后，不仅能对学生进行实践教学，而且能把在实践过程中看到的一些问题和现象进行理论提升，在教学中与学生进行讨论，通过课题研究等方式对出版业的发展提出建议和意见。

二是引进具备丰富实践经验的业界人士来高校讲课。在引进师资方面，必须注意进行质量把关，授课的教师必须是了解出版业的整体现状且具有实际操作能力的人，不仅能够在业务层面对学生进行指导，而且能帮助学生了解出版业的发展现状。这一举措，在不少高校已经实施，也取得了一些成效，但讲课的连续性不够，即来讲课的教师的随机性比较大，正式聘为专业教师的数量非常少，这对学生接受系统化的知识来说是非常不利的，这也应该是各高校今后注意的问题。

(3) 调整教学方法和课程设置：转向“学生思考和实践为主”。

为了培养学生的思考能力和操作能力，应该在今后的教学中从“以教师的教为主”逐渐转向“以学生思考和实践为主”。这对教师的教学和学生的投入提出了更高的要求。

一方面，这对教师的备课水平提出了更高要求。教师不能再像以前那样在课堂上唱“独角戏”，完全不顾学生的理解和消化程度，而应该在尽可能多地利用学生容易接受的方式传授知识之外，结合业界当前出现的一些现象，提炼出一些具有启发性的问题，供学生课堂讨论和课下思考。

另一方面，给学生开列一定数量的参考书目，培养他们的信息检索能力并要求写读书报告和预习，这也能够提高学生的思考能力和课堂参与程度。因为，这种教学方法“迫使”学生在课下对老师提出的问题进行资料搜集和思考，以备课堂讨论；同时，在查找资料和课堂讨论的过程中，学生还能够形成一种思考方式，并对相关问题有更深的印象和更好的理解。

此外，应尽量拓宽与出版单位的关系，增加学生读书期间的实践机会，保证学生在读书期间就能对出版的整体流程有感性认识。因为，目前一些知名的大出版社甚至对应届的编辑出版专业的研究生兴趣不大，而希望直接招聘有相当工作经验的在职人士，“三年或五年以上相关领域的工作经验”者优先，使得入行就业的门槛更高了。如果在学习期间有一定的实践经验，对出版专业人才的就业和出版产业的发展都是有利的。

现存的出版教育在课程设置上比较注重对文史知识的培养，市场营销类、管理类课程、新媒体相关课程、版权贸易类、对国外出版业进行介绍的课程等相对欠缺，而这些课程的相关知识恰恰是现代出版从业者所需要的，因此今后应在这些课程的教授上予以加强，以满足产业需求。

(4) 走出去：努力创造更多海外交流机会。

当今出版业不仅面临着国内同行的竞争，也面临着国际出版业的冲击和走出国门的需要，而目前出版业从业人员的现状显然不能满足这种大形势的需求。这一方面是由于懂外语的人才相对较少，另一方面是由于了解国外出版业现状的人才不多。

作为出版人才的输出单位，出版教育机构理应根据业界现实，培养相关人才。而为了培养这类人才，一方面需要教师为学生提供海外出版业发展的最新动态，另一方面则需要有一些实践机会，让学生切身体会海内外出版业发展的不同与各自的特色，以在今后的工作中有的放矢。而为了解决这两方面的问题，海外交流必不可少。尽管当前海内外校际交流的机会与出版教育刚刚起步时相比已有很大改善，但力度还是不够，而且这也需要产业界和教育机构的共同努力。出版教育单位应加强与国际出版专业教育发展较好的院校之间的合作交流；出版社应借助其和海外出版社版权贸易和互相学习机会比较多的优势，在适当的条件下，与出版教育机构联合推荐学生到出版社认可的海外出版单位实习，为今后的发展储备有生力量。

参考文献：

1．肖东发．出版人才的需求和出版教育改革[J]．科技与出版，2007（4）.

2．黄先蓉．关于我国出版学研究生教育的几个问题[J]．出版发行研究，2007（1）.

3．刘兰肖．省思与探索：我国编辑出版学专业教育研究综述[J]．出版科学，2007（3）.

4．赵泓．数字化时代编辑出版专业教育教学改革的几点思考[J]．中国编辑，2007（2）.

5．刘路．谈编辑出版专业教育理念的错位与改革途径[J]．出版发行研究，2005（12）.

6．刘俊敏．谈全球化背景下的出版教育[J]．北京：北京印刷学院学报，2007，15（3）.

7．肖东发，许欢．关于我国编辑出版专业教育的论争与调查分析[C] //2004年全国编辑出版前言问题会研讨会，2004（3）.

8．肖东发，杨虎．我国编辑出版学教育的历程与发展思路探讨[C] //2005年全国编辑出版学教育学科建设研讨会论文集．2005（9）.

9．肖东发，张文彦．由传统出版走向跨媒体时代——探讨我国编辑出版学教育的发展之路[J]．国际新闻界，2006（11）.

10．黄凯卿．编辑出版专业的学科建设[J]．编辑之友，2000（4）.

11．邵益文．出版教育要适应出版发展需要[J]．河南大学学报（社会科学版），2006（5）．

12．北京大学，清华大学等．关于设立编辑出版学研究生专业的呼吁[J]．中国编辑，2006（1）．

13．刘范弟．从就业困境看编辑专业人才的培养[J]．出版发行研究，2004（2）．

14．陈燕，张文彦，沈剑虹．对我国编辑出版专业研究生教育现状的观察[J]．出版发行研究，2004（1）．

15．邓雷仓．反思编辑出版专业的尴尬[J]．出版发行研究，2005（11）．

16．方卿．关于我国出版专业高等教育定位的思考[J]．出版发行研究，2006（4）．

从华文出版版权贸易看文化软实力竞争[①]

——2008年第四届海峡两岸华文出版论坛发言

按照美国哈佛大学教授约瑟夫·奈在1990年提出来的观点，一个国家的综合国力，既包括由经济、科技、军事实力等表现出来的“硬实力”，也包括以文化、意识形态和价值观体现出来的“软实力”[②]。中国的和平发展在经济上显现出优势——硬实力的发展已经十分明了，当前更要追求提升“软实力”，其内核就是中国的国际形象和国家文化的“全球普及性”。新加坡资政李光耀在博鳌亚洲论坛2005年年会开幕式上的讲话中提出：“中国要告诉世界，中国不是要征服世界，而是要让中国这个充满活力的国家以及它能够为人民所享受的文化重新绽放光辉。中国的崛起不仅是经济硬力量的崛起，还有文化等软力量的崛起。中国的崛起不是靠航空母舰和海上军事力量来崛起，而首先是文化的复兴。”[③]

---

①本文与周悦合作完成

②赵长茂.中国需要软实力［EB/OL］. 南方网，2006-08-10，http://www.southcn.com/nflr/llzhuanti/hpjq/mtsy/200406210154.htm

③李伯淳.中华商界将迎来无与伦比的辉煌［EB/OL］. 中国商会网，2006-08-08，http://www.ccoc.biz/Article/zfse1/200608/478.html

然而，中国近年来的发展表明，软、硬两种实力并不同步：中国经济快速发展，国际地位不断提高。中国2005年全年贸易顺差1018.8亿美元，创下历史新高，而且是连续第十二年实现贸易顺差，另一方面，版权贸易却逆差严重。进入21世纪以来，我国出版物输出与输入之比一直徘徊在1∶10左右；版权输出地绝大多数限于我国的台湾、香港以及新、马、泰、印尼等地，真正与欧美等西方国家的输出与输入比例约在1∶100左右。

这样的状况严重说明中国需要增强软实力。当GDP位居世界第四的中国已经制造了全世界40%的袜子、65%的体育用品、80%的拖拉机与95%的纽扣时，中国文化的输出却无法与发达国家的文化扩张相抗衡。

在2006年3月份的全国政协十届四次会议上，政协委员赵启正大声疾呼，“我们不能只出口电视机，不出口电视机播放的内容。与中国对外贸易‘出超’相比，中国的对外文化交流和传播则是严重‘入超’，两者之间存在着巨大的文化赤字”①。

近年来，世界各国掀起学习中文的热潮，来华参观旅游人次持续增长，仅2005年入境人数中外国人就达547.18万人次，同比增长10.57%②；从2004年3月至2006年7月两年时间，全球各地已创办八十多所孔子学院，学习汉语与中国文化成为许多国家的潮流和热点。然而，我们也应清醒地看到：美国文化、韩日文化强势拓展，文化商品的市场竞争日益激烈，同其他弱势文化一样，中华文化亦面临被冲击和侵占的可能，因此，作为中国文化产业核心部分——出版业肩负着继承、发展与传播中华文化的重责大任，今日已倍感紧迫，但机遇与

①中国版权贸易逆差悬殊　本土作家难“卖”向世界［EB/OL］. 搜狐网，2006-05-05，http://news.sohu.com/20060505/n243118211.shtml

②国家旅游局：去年来华外国游客人数增一成［EB/OL］. 新华网，2006-06-13，http://news.xinhuanet.com/newscenter/2006-06/13/content_4690625.htm

挑战同在，从下分述：

一、严峻的形势和挑战

在经济全球化、贸易自由化和文化产业化的强大冲击下，文化安全显得越来越突出。世界上几乎所有发达国家都有本国文化推广的计划，因为文化输出对于保护、发展和扩大本国在世界上的影响力有着重要意义。许多国家的政府因此拨出专项资金，用于文化产品在全球的输出。自由贸易是产品与服务的交流，也是文化价值观的交流。我们要通过版权贸易，特别是出版品贸易来增强中华文化的影响力，让世界分享中国的先进文化之余，也加强我们国家的文化安全。

文化扩张与文化馈赠虽然都是不同文化之间传播的方式，但是它们的本质不同：前者本质是“同而不和”，后者主张“和而不同”，后者才符合文明和谐的宗旨。北大中文系教授袁行霈在1998年北大举办的汉学研究国际会议上，提出“文化的馈赠”，得到许多学者的响应。“文化的馈赠是双向的，是一种极富活力和魅力的文明交融和创新的活动，各个民族既把自己的好东西馈赠给别人，也乐意接受别人的馈赠。馈赠的态度是彼此尊重，尊重别人的选择，决不强加于人。馈赠和接受的过程是取长补短、融会贯通。馈赠和接受的结果是多种文明互相交融、共同发展，以形成全球多元文明的高度繁荣。因为，不同的文明本来就各具特色，吸取外来文明的内容、分量和方式又不相同，交融之后出现的人类文明仍然是千姿百态，我们的世界仍然是异彩纷呈。”[①]

而文化扩张是典型的“同而不和”言论，美国正是这一扩张政策的主导者和先行者：美国中央情报局内部代号为“十条诫令”的《行事手册》，就是针对中国提出的，在第二条中他们公然宣称：“一定要尽一切可能，做好宣传工作，包括电影、书籍、电视、无线电波……

①袁行霈．文化的馈赠［J］．北京大学学报（哲学社会科学版），2004年第11期

只要他们向往我们的衣、食、住、行、娱乐和教育的方式，就是成功的一半。”① 美国商务部高级官员大卫·罗斯科普说：“如果世界趋向一种共同的语言，它应该是英语；如果世界趋向共同的电讯、安全和质量标准，它应该是美国的标准；如果世界正在由电视、广播和音乐联系在一起，节目应该是美国的；如果共同的价值观正在形成，它们应该是符合美国人意愿的价值观。”② 美国依仗雄厚的综合国力，实行文化垄断和文化扩张，据世界银行公布的世界GDP排名中，美国2005年的GDP达12.486万亿美元，2007年度的军费开支预算，总额达4480亿美元；在文化交流上存在严重的不均衡：控制世界上75%的电视节目和60%以上的广播节目的生产、制作与播出；电影市场占2/3；美国最富的400家企业中1/4是文化企业；其中印刷出版业的销售额达1840亿美元……

在全球化浪潮下，国际间的政治、经济、外交、科技、传媒都成为强势文化扩展的手段，这种“超国家领域”的控制权，正如汉密·J. 摩根索的著作中所说的：它的目的不在于攻占他国的领土，或控制其经济生活，而在于制服和控制人的头脑，作为改变两国权力关系的工具。理查德·克罗斯曼为英国作家桑德斯所著《谁承担后果——中央情报局与文化冷战》一书写的序言中说：“美国间谍情报机构在长达20年的时间里，一直以可观的财力支持着西方高层文化领域，名义上是维护言论自由。”“这场战争具有一个庞大的武器库，所藏的武器是刊物、图书、会议、研讨会、美术展览、音乐会、授奖等。”③

①美国中央情报局关于对付中国的《十条戒令》[J/OL]. “宇我同行”博客，2007-07-11， http://duanjiangui.blog.sohu.com/54726812.html

②黄琳，许瑛. 瞭望东方周刊:美国软力量的削弱［J/OL］. 腾讯新闻网，2004-05-17，http://news.qq.com/a/20040517/000417.htm，2006-12-08

③沈伟光. 中国信息战［M］. 北京：新华出版社，2005

美国的文化扩张和渗透集中表现在以下四个方面：

1. 政治理念、价值观的渗透

美国国务院思想库副主任福山在《历史的终结》中说：以美国为首的西方发达国家所倡导的自由与民主的理念今日在世界上已无可匹敌。“已克服世袭君主制、法西斯和共产主义这类相对的意识形态。”并可能形成“人类意识形态的终点”。鼓吹政治多元化、经济私有化、军队非党化、领土分治化、生活方式西方化。

在互联网遍布全球的今日，美国通过网络覆盖，穿透原有的国界，使他们的文化扩张更加快捷、隐蔽和自由。全球互联网的语言认证如下：英文信息占71%，日文为6.82%，德文为5.08%，法文为1.75%，中文为1.52%，美国文化占网上信息资源的80%~90%。

2. 西方生活方式的渗透

通过消费文化（书刊、碟片、大片、摇滚、可口可乐、麦当劳、肯德基）的输入渗透，逐步实现物质文化的趋同，进而是心理的趋同和政治的趋同。

美国生产的各类游戏软件中，其中不少充斥暴力、枪战、暗杀、走私、贩毒、武功打斗、帮派行会组织犯罪，几乎成暴力犯罪演练场。

3. 宗教文化的渗透

《华盛顿观察周刊》2004年第1期以《基督教的“羔羊”将驯服中国“龙”》为题介绍大卫·艾克曼2003年10月出版的《耶稣在中国》，书中提到基督教在中国发展惊人，目前已有7000万新教徒、1200万天主教徒。另外，还利用网络、广播、电视、印刷品等媒体传教，宗教中文网站1200多个，一半以上设在港台。

4. 培养西方文化代理人

两百多年来，西方殖民主义对伊斯兰世界实行侵略与奴役，他们对伊斯兰的存在做了深入的研究，发现只有通过教育，才有可能改造伊斯兰，毁灭伊斯兰。因此，西方统治者在所有的穆斯林殖民地国家都积极地办起了以抵消伊斯兰为目标的教育，例如英国人建在印度（今日巴基斯坦）拉哈尔的艾塔切深学院（Aitcheson College）、建于达卡（今日孟加拉国首都）的圣约瑟夫学院、建于马来西亚吉隆坡的圣约翰学院、苏联建于塔什干和阿拉木图的伊斯兰经学院、法国在黎巴嫩等法属殖民地建立的法国传教士学院以及现代美国在开罗和贝鲁特建立的美国大学等等。西方国家在这些穆斯林土地上的教育机构投资和设备超过国内的高水平，派遣本国教授任教，并且给当地的穆斯林学生特殊津贴和待遇，目的就是培养西方思想和亲西方的代理人。

不仅如此，西方社会通过各种媒体和宣传手段加强对穆斯林人口的反伊斯兰教育运动，例如BBC、CNN、美国之音、自由欧洲电台、莫斯科电台，西方新老殖民主义控制的广播和电视在伊斯兰国家铺天盖地无孔不入。最典型的例子是，美国2001年10月7日对阿富汗发动侵略时，空降无数单频收音机，只能听到美国的卫星电台播音。为了达到改造和消灭伊斯兰的目的，西方社会一直以穆斯林民众为目标进行反伊斯兰宣传，凡是在他们控制的地方，首先控制教育，对穆斯林自己的伊斯兰教育进行歧视和打击。

强势文化过度扩展带来严重的后果：联合国副秘书长兼环境规划署主任特普费尔在2001年2月8日发出警告，日益加速的全球化进程对世界文化、语言和生物多样性已经构成巨大的威胁①。环境署的一项

①李苏平．全球化与东亚意识［M］//杨栋梁，严绍璗．变动期的东亚社会与文化．天津：天津人民出版社，2002

研究报告：全世界5000~7000种语言中有2500种濒临灭绝；100年后90%的语言会消亡，平均1~2周有一种语言消失，意味着一种文明在地球上消失。多样性变成单一化、商业化。这是不公正的。

法国图书馆馆长让·诺埃尔·让纳内2006年10月31日在北大的演讲《当Google向欧洲挑战的时候——为奋起辩护》中谈到，用Google搜索雨果、莫里哀等法国作家的作品，检索结果中居然没有法文，都是英文，即使有法文，也是放在检索结果的最后，实际上就是对法文的挑战，对欧洲文化的挑战。“Google数字图书馆计划给我们提出了巨大的挑战，英美语言和文化的强势将不可避免地对包括法语在内的其他语言和文化造成深远的影响。”因此，“欧洲必须联合起来，建立欧洲数字图书馆，捍卫自己各国的语言和文化”。他慷慨激昂的演说使我们陷入了深思：在全国掀起学英语的高潮，英语成为升学、就业等必备“敲门砖”时，我们是将之视为国际化的进步、还是母语的失落？

从国内的出版业看来，2000—2006年上半年共引进图书如下表。

国家	美国	英国	日本	法国	德国	俄罗斯
引进数量	28,236	11,259	5472	4250	3790	2350

从表格中看出，国内从英美引进的图书数量最高，英语是强势文化的载体，知名出版机构多，国内读者认可，对出版社来说，翻译和引进都有保障。

其实中国有着巨大的市场和商机，中国人口有13亿，是文化产业的超级市场；传媒用户占世界的20%。

据《中国文化蓝皮书：2004年中国文化产业发展报告》统计，我国城乡居民实际文化消费2002年5300亿元人民币；2003年5830亿元；按每年10%增长率，2004年约6410亿元；2005年约7050亿元；

到2020年约2,9460亿元。这么大的“蛋糕”，西方列强一定来抢滩，我们没有与之抗衡的文化产品（量、值、质），市场无情，优胜劣汰，我们本土的文化就会被吞噬。

看看我们周边的国家，它们早已意识到了“文化”的强大作用，并且把“文化”当作产品来卖，获取了巨大的经济利益，“韩流”就是一个典型的例子：韩剧作为一种产品，从它在亚洲兴起开始，它就不仅仅作为一种文化产品，一种文化现象，而是作为一个单独的品牌出现在我们的视野中。它拥有和一个品牌一样的品牌定位、内涵、个性，有固定的受众，有相当出色的品牌管理和商业运作。据韩国文化观光部公布，韩国电视节目出口额自1999年的761.5万美元，提高至2001年的1235.6万美元，其中2001年韩剧出口达9515集，出口额约达790万美元；2002年韩剧外销收入达到1639万美元，出口集为12,363集；2003年韩国电视台节目进出口情形为，出口比2002年增长46%，达4300万美元，进口则约2800万美元，在节目出口产品中，韩剧就占86%（亦即约3698万美元），因此韩剧成为韩国电视最大的输出品。出口市场以中国、日本、新加坡等亚洲国家为主，一些经典剧目还出口到俄罗斯、埃及和阿拉伯半岛。

另一个邻居日本的出版业则给我们带来更多的是经验和教训：日本出版业70年代达到鼎盛时期，1975年、1976年开始不景气；80年代呈低迷缓慢状态；1997年为零增长，近六七年出现负增长，退书率达40%甚至更高。现代日本的重要特点是“刊高书低”，刊与书的比例为6∶4，甚至达到7∶3。其中，六成是以消闲、娱乐、广告信息为内容的刊物，压倒了文艺、知识、教育为内容的刊物；其余四成中，漫画书比重很大，文库版大量出现，图书的出版追求轻、薄、短、少（文字)、低(定价)。[①]日本的出版业太看重经济效益，追求产值，完全市场化；为此，努力贴近流行，对潮流、市场亦步亦趋。结果是出版原本赋有的在文化教育上的追求，变成了对市场和潮流的讨好与乞求；出版对阅读口味和视野的引导，变成对读者喜好的迁就和附和。读者口味愈下降，出版愈迁就，长期下来，读者、出版者素质双双下滑，其对社会文化的影响可想而知。

由上面的例子我们可以看到，我们不仅要吸取日本的教训，搞好国内的出版业，出版优质高效经典的图书，而且更要抵制外国文化的“侵略”，大力弘扬和向外传播我们悠久的历史、传统文化，在这场激烈的“文化大战”中才不会处于弱势。

二、版权贸易仍居弱势

我国的版权贸易逆差问题由来已久，从国家领导到文化部门都对此承受着极大的压力，如何将中国的图书像中国的服装一样打入国际市场，改善这项贸易赤字一直都是一块心病。音像电子产品进口与出口之比是14:1。文化部、新闻出版总署甚至下硬性指标规定某些出版集团一年至少要输出版权多少项，可见多数人对于这种逆差现象是极为不满的，改变这一差距是我们一直在践行的努力。

表1：2001—2006年中国图书版权贸易情况[②]（单位：项）

年份	引进图书版权	输出图书版权	贸易逆差	引进/输出
2001年	8250	653	7597	12.63:1
2002年	10,235	1317	8918	7.77:1

①（日）小林一博著．出版大崩溃［M］．甄西，译．上海：三联书店上海分店，2004

②数据来源，根据中华人民共和国国家版权局官方网站提供资料制作，http://www.ncac.gov.cn/chinacopyright/

2003年	12,516	811	1,1705	15.43∶1
2004年	10,040	1314	8726	7.64∶1
2005年	9382	1434	7948	6.54∶1
2006年	10,950	2050	8900	5.34∶1

从上表可见，2001年到2005年中国大陆的图书版权贸易逆差约在7600～12,000项之间，引进图书与输出图书的比例约在6.5∶1～15.5∶1之间，年度之间有起伏，虽然从数据上看引进的项目呈上升趋势，但输出项目则在近年来有下降趋势。以2005年为例，这年全国共引进图书版权9832种，而输出则只有1434种，仅占引进总量的14.6%左右。这是一组非常惊人的数据，也引出了一个严峻的事实：中国的综合国力轻重不均，在科学、技术、文化等软实力方面尚有很大的差距，这不仅制约着版权产业的全面发展，而且直接影响到我国出版业的整体实力和竞争力，影响到中华民族优秀文化的对外传播。以《尘埃落定》一书创下中国图书版权输出最成功个案之一的作家阿来说："图书版权输出表面上看，不过是一个国家的图书进入了另一个国家，实际上则意味着一种文化是否能够进入另一种文化，是一种文化上的博弈。"[①] 让我们再来看看版权贸易的结构：

表2：2005—2006年全国版权贸易总体情况[②]（单位：种）

	合计	图书	期刊	录音制品	录像制品	电子出版物	软件	电影	电视节目	其他
2005年引进	10,894	9382	749	90	114	155	401	0	3	0

①黄振伟.版权贸易逆差危局，外版图书中国市场持续性高烧［N］.财经时报，2006-05-06

②数据来源，根据中华人民共和国国家版权局官方网站提供资料制作，http://www.ncac.gov.cn/chinacopyright/

2005年输出	1517	1434	2	1	2	78	0	0	0	0
2006年引进	12,386	10,950	540	150	108	174	434	29	1	0
2006年输出	2057	2050	2	0	0	5	0	0	0	0

这个表说明中国大陆引进和输出版权的主要类型是图书，引进图书版权占总版权引进的86.1%，输出占94.5%。其次，引进的品种为期刊和软件，输出品种其次的是电子出版物。

再从版权贸易的地区看来：就2005年全国图书版权引进地情况统计，在引进的9382种图书来源国中，美国最多，有3932种；其次是英国，1647种；第三则是中国台湾地区，有1038种。而同年度全国图书版权输出地情况统计，全年共输出1434种，虽然为近年来最多，但是引进输出比例为6.54∶1，仍有很大差距，其中输往中国台湾地区最多，为669种，其次为韩国，304种，而我国向引进图书最多的国家——美国仅输出图书16种，引进与输出比例为246∶1。主要输出地区集中在港澳台这样的“华人圈”，即华文出版基地，中国的出版物并没有真正进入西方国家，没给欧美国家带来普遍性的影响。中国本土文化走出国门、走向世界仍然任重而道远。

表3：2005年、2006年全国图书版权引进输出地情况统计[①]（单位：种）

	2005年		2006年	
	引进	输出	引进	输出
国家（地区）＼合计	9382	1381	10,950	2050

①数据来源，根据中华人民共和国国家版权局官方网站提供资料制作，http://www.ncac.gov.cn/chinacopyright/（2005年全国图书版权输出数据在表2和表3中不一样，国家版权局官网如此）

美国	3932	16	2957	147
英国	1647	74	1296	66
德国	366	9	303	104
法国	320	7	253	14
俄罗斯	49	6	38	66
加拿大	39	0	40	25
新加坡	140	43	156	47
日本	705	15	484	116
韩国	554	304	315	363
香港地区	204	168	144	119
澳门地区	43	1	2	53
台湾地区	1038	669	749	702
其他地区	345	69	4213	228

可以说到了2006年，我国版权贸易的逆差出现一定转机。

2001年至2006年中国的版权引进和输出项目的总量的走势，从数据上看引进的项目总体在1万种上下徘徊，而输出项目则在2006年来大大上升。这年全国共引进图书版权9832种，而输出则只有1434种，仅占引进总量的14.6%左右。

2006年中国大陆版权输出和引进的比例大致是5.3∶1，过去一直是10∶1，现在情况大为改观。

在版权输出地上，2005年全部是逆差，而2003年已经有俄罗斯、韩国和澳门地区实现顺差，再以我国台湾地区为例，2005年向台湾输出版权669项引进1038项，逆差较大，而2006年接近1∶1（749∶702）。最明显的是与美国的版权贸易，2005年是16∶3932，2006年则为147∶2957，输出与引进比由1∶246到1∶20。

当然，也有一些不同的声音：北京大学法学院韦之副教授认为，不必对这种逆差“大惊小怪”，“它至少可以说明我们中国现在有能力来支付更多的版税，也就是说我们中国人现在花得起钱购买国外的精神成果。这是一件好事情。”[①] 还有人认为这是国家经济、科学和技术实力差距的真实反映，但我认为只说出问题的一个方面。无论如何，中美之间的文化交流比例也不应该是1∶250。与中国图书版权输出形成强烈反差的是外版图书在中国图书市场的“持续性高烧”。

《哈利·波特》系列、丹·布朗系列、美国经济管理类图书……中国畅销书排行榜上，引进版图书你方唱罢我登场，仅《哈利·波特》一书，就从中国赚走上千万元的版权费。

与输出冷清相比，中国版权贸易的输入却始终呈现出持续性的“高烧”，在历届的北京国际图书博览会上，国内各家出版社编辑以及个体书商都把购买国外版权书视为重头戏。这种争抢外版图书的结果是使外版图书的版税一路上扬，从正常的6%到9%，一路上抬到15%、18%，甚至20%，这使得一本抢到手的外版图书实际上已经没有多少利润空间，由此可见外版图书在中国图书市场上的“炙手可热”[②]。

面对版权贸易输入的持续性“高烧”，种种无法回避的严峻现实问题凸现在中国出版界面前：究竟是什么原因造成了如此悬殊的版权贸易逆差？是市场竞争原因，还是种种出版机制问题？究竟怎样才能改变这种版权贸易逆差现实？

---

①靳雷.版权贸易逆差不值得大惊小怪［EB/OL］. 中广网，2004-11-12，http://www.cnr.cn/wcm/fortune/special/t20041111_160670.html

②黄振伟. 版权贸易逆差危局，外版图书中国市场持续性高烧［N］. 财经时报，2006-05-06

1. 妖魔化“拷贝支配”

很长一段时间，中国处于被妖魔化的地步，国际间存在着的对中国的质疑与观望使得中国的文化也被边缘化，直接导致了国外对中国书籍需求的不旺。妖魔化的一些典型表现有：澳大利亚前总理霍克引述美国斯坦福大学一位教授的统计：从1996年到2000年美国主流媒体对中国的报道看，负面报道与正面之比是30∶1。《纽约时报》1993—1998年涉华报道共3930篇，其中负面2175篇占55%；中性报道1736篇，占总数44%；正面的仅19篇，不足0.5 %。媒体对中国报道的兴奋点是人权、宗教、武器扩散、台湾、西藏等；认为中国的形象是：共产主义+民族主义+经济威胁……

这些外生因素相对于出版本身的影响力而言是强大而有力的，改变这种现状既不是一朝一夕就能解决，也不是出版业自身所能做到的。

2. 东西方文化差异

文化差异是影响版权贸易的一大因素。西方国家的一般读者对东方文化了解太少，远不如我们对西方的了解；加上长期以来中国文化的过度意识形态化，使得不少国外读者对中国的图书、期刊、报纸等怀着一种漠然置之或敬而远之的态度，不感兴趣。

3. 其他外部原因

语言文字是中国版权输出的一大障碍。虽然世界上有近四分之一的人使用华语，但在地域上较为局限，除了东南亚的一些国家华语普及率比较高以外，西方国家对华语还是比较陌生的，这就意味着中国的版权输出必须要过翻译这道关口。这不但会延长整个贸易流程时间、增加贸易的交易成本，更会造成一种文化隔膜，直接影响版权的输出的需求。

4. 内部原因

中国出版的市场化起步甚晚，先天不足，刚对外开放，正在转轨改制；企业内部缺乏有效的管理机制，图书从选题到制作与国际不接轨；国内出版社打着社会效益的旗帜，出书以获奖为目的，生命周期短，读者面窄，许多获奖书几乎很少有再版重印的可能，更缺少能走出国门而被国外读者接受的图书，还有的图书选题急功近利，侧重眼前经济效益，着眼内在质量和具有市场潜力的少，其图书走出国门的概率更低。

另外，一个直接原因就是中国出版代理人机制的“悬空”：图书出版代理人在出版业发达的国家中早已经是一种非常成熟的出版机制，国外大部分图书都是由“出版代理人”来代理的，代理人不仅对图书市场非常了解、具备各种专业知识，并且拥有广泛的出版资源。他们可以帮助作者找到条件最好的出版社，为作者争取到最大的权利，同时在如何宣传和推广作品上也能做到最好。他们的佣金是与作者版税的高低紧密地联系在一起，也就是说作者能拿到图书总码洋百分之多少的版税，代理人再从作者版税里抽取10%到15%的提成作为自己的佣金。目前，出版代理人机制在中国出版界是一种“悬空状态”，甚至是一种“空白状态”，虽然国内也有很多版权公司或者版权经纪人，但成功将《哈利·波特》系列图书引进中国的人民文学出版社编辑叶显林评价说，“他们的作用还是集中在‘引进’上，仅仅是向出版社推荐一些书，起到的是‘二传手’的作用，至于代理人所应该发挥的其他作用还都是空白”。国内出版代理人工作大部分都是由出版社承担，但国内出版社由于还不像国外出版机构那样完全市场化、商业化运作，种种非市场因素的制约使得国内出版社在“代理”这一块明显“运作不灵”，其现实状况根本无法与国外成熟的出版代理人机制相提并论，这使得中国版权代理主要限于引进工作上，这和国外版权代理人负责一部图书从选题策划直到市场营销宣传这样一个全方位包装形成强烈反差。

整个2005年，可能是唯一一个让中国出版界引以为自豪的成功个案——长江文艺出版社与世界最大的出版集团——培生集团下属的企鹅出版集团正式签订协议。该集团向《狼图腾》的作者支付10%的版税，预付10万美元，在全球16个国家发行该书的英文版。这不仅是我国中文原创图书首次被一次性买断全球英文版权，大规模进入英文主流文化市场，而且创下了我国出版业版权输出贸易中版税率、预付金额等多项第一。

三、机遇与挑战并存——全世界“孔子学院”的兴盛

随着中国的和平崛起，在世界上的政治、经济地位不断提高，“汉语热”是势不可当，华文出版的范围应该超出了我国和东南亚国家，而且会越来越广泛。2004年3月，时任国务委员的陈至立宣布将中国设在海外的语言推广机构定名为“孔子学院”。孔子学院项目得到许多国家的热烈响应和支持，从2004年开始，我国在海外陆续设立了以教授汉语和传播中国民族文化为宗旨的非营利性的“孔子学院”，两年来，各个国家对之高度的关注，发展速度也是惊人的，目前已有80所孔子学院和孔子课堂落户36个国家和地区，还有38个国家的99个机构正式提出了办学申请①，孔子学院大会开会间隙，不断有人找到国家对外汉语教育办公室要求与中国合作建立孔子学院②。2006年的7月6日，孔子学院大会在北京开幕，时任国务委员的陈至立出席并致辞。来自36个国家的80余所孔子学院负责人或所属的大学负责人齐聚一堂，讨论国际汉语、中国文化教学等问题。全球孔子学院的总部7月7日在北京揭牌成立，加上之前的“全国汉语国际推广工作会议”7月4日在北京召开，使2006年成为名副其实的“汉语年”。据了解，目

①陆梓华.汉语的声音在全球越来越响［EB/OL］.新浪网，2006-08-03，http://news.sina.com.cn/o/2006-08-03/14219648977s.shtml

②蔡侗辰，王鲁平．80所孔子学院在国外落户［EB/OL］．搜狐网，2006-07-13，http：//news.sohu.com/20060713/n244230682.shtml

前，海外通过各种方式学习汉语的人数超过3000万，100个国家的2500余所大学在教授中文[1]。美国《纽约时报》认为孔子学院会提升中国的软实力，一方面是提升中国的声望，另一方面是缓解人们对中国崛起的忧虑[2]。

在可喜的形势下，我们仍然要保持清醒的头脑：通过分析可以看到，目前仍有两大瓶颈制约汉语出口，除了汉语教师缺口大外，最重要的就是对外汉语教材出版跟不上。目前，虽然已经有北京语言大学出版社的《新实用汉语课文》《汉语会话301句》《汉语乐园》，商务印书馆的《商务馆学汉语词典》等等，还有一些开展对外汉语教学的杂志以及网络版教材。但在总体上还是不能满足日益增长的需要。美国华美协进社孔子学院副社长Nancy Jervis说，目前的教材并不太好，有些不对口。加拿大不列颠哥伦比亚理工大学孔子学院院长谷风说，自己学院找不到好教材，不得不根据客户的需求与当地的相关出版社联合出版教材[3]。中国的教育类出版社应积极抓住这个机会，与教材所要面向的国家教育文化方面的力量相结合，也可以与国外的出版社联合出版具有当地特色的对外汉语教材，逐步建立相应的编写教材的标准。高等教育出版社社长刘志鹏建议，我们要把中国式的教材变为当地本土式的教材，应充分考虑到教育的出发点是“他们要学什么”，而不是“我们给他们什么”[4]。

---

①袁新文，冯瑄，靳颖．教博会的冷与热，折射教育喜和忧［J/OL］．中国经济网，2006-07-25，http://www.ce.cn/xwzx/gnsz/gdxw/200607/25/t20060725_7861988.shtml

②美报认为孔子学院提升中国软实力［EB/OL］．新华网，2006-01-13，http://news.xinhuanet.com/world/2006-01/13/content_4047461.htm

③面对全球汉语热　两大瓶颈制约汉语“出口”［EB/OL］．新华网，2006-07-10，http://news.xinhuanet.com/newscenter/2006-07/10/content_4812234.htm

④面对全球汉语热　两大瓶颈制约汉语“出口”［EB/OL］．新华网，2006-07-10，http://news.xinhuanet.com/newscenter/2006-07/10/content_4812234.htm

孔子学院的兴盛可以说给华文出版带来了新的机遇，国内的出版社如果抓住了这个大好机会，多编好的汉语教材和多出中国文化类图书，多做推广活动，就能够取得丰厚的利润；另一方面，机遇背后是挑战，从版权输出图书种类上来说，眼下仍以中国传统文化为主，气功、保健、中医等图书都很受欢迎。但是，反映当代中国社会、经济、文化的图书还不够，这需要整个国家的支持和出版社自身的努力。

国务院新闻办公室与新闻出版总署于2005年7月联合发布《"中国图书对外推广计划"实施办法》对购买或获赠国内出版机构版权的国外出版机构进行翻译费资助；可是仍然还有许多问题：很多人不知道此计划，不清楚如何申报；推荐书大都根据国内市场制作，很少为国外读者量身打造；向国外推广费劲不小，获得商业利益不大，出版社积极性不高，搭建版权贸易平台，推广不畅。

四、华文出版面临转机——新马泰等东南亚国家对华文教育及出版的新政策

新加坡是东南亚国家中唯一的以华族为主体的多元民族国家，华人占总人口75%以上，但仍是一个以英语为主的社会，华文的普及率和适用率仍然很低，华文出版无论从品种上还是规模上都很有限。现在年出版华文图书约100种左右，销售约在500万～600万美元[①]；对于华文出版社的前景，一些出版社深具信心，另一些则认为这波看似热闹的华文热潮，并无实质作用[②]，但总体而言，华文的风行，给华文出版带来前所未有的机遇，华文书的市场潜力也越来越被看好。

马来西亚是目前海外华文出版报刊种类最多的国家，报刊种类达30多种，目前，华文图书市场约在1500万～2000万美元[③]。近年，中国经济的发展和国际交流的增多，极大地影响和推动了马来西亚的华

①新加坡华文出版业［J］．出版参考，2006年第7期

②张曦娜．新加坡华文出版看好［J］．出版参考，2003年第6期

③马来西亚华文出版业［J］．出版参考，2006年第7期

文出版，整个行业呈现出良好的发展势头。

新加坡和马来西亚虽然融合了多元种族，但是华文和华人的影响力，还是最重要的。新加坡和马来西亚在东南亚独特的地理位置，使来自中国的华文书籍通过新加坡销入周边国家，如重拾华文热情的印度尼西亚、菲律宾、泰国和越南等地。一个以新、马为中心的海外华文市场已经形成，并具有无限发展潜力。

中国政府正在积极地大力开展文化外交，这是继经济、政治外交之后的第三大支柱。对外文化交流和对外文化贸易既要坚持中国的文化主权，保证我国的文化安全，又要不断扩大中华文化的影响，扩大中国文化产品与文化服务的出口份额。文化交流在促进港澳台同胞人心回归、文化认同方面也发挥了积极的作用。政府交流与民间交流相结合，文化交流与文化贸易相结合，大力实施走出去战略，努力扭转文化贸易的严重逆差局面。最突出的表现有三：

1.“中法文化年”的开创之功

从2003年10月到2005年9月，中国和法国先后在对方国家举行盛大文化展示活动。此次文化年具有广泛的群众性和深远的历史影响。2004年3月在法国的国际书展上第一次做主宾国；第一次组织38位著名作家集体参加国际交流活动；第一次集中推荐70种中国优秀图书翻译出版并在展会上发行；第一次在海外书展上一次推出2000余种、3万余册图书现场销售；60余家中国出版社与法国建立联系，签订版权贸易156项，2004年有370项活动及媒体的相关报道，中国在国际上的形象日益凸显。

2. 2006中国俄罗斯年

2006年元旦前夕，时任国家主席胡锦涛和普京总统互致贺电，宣布启动“俄罗斯年”活动，11月9日晚，“俄罗斯年”闭幕，近一年来，中俄双方齐心协力，密切配合，成功举办了中俄经济工商界高峰论坛、俄罗斯国家展、中俄投资促进周、俄罗斯文化节、俄罗斯各地区推介会、各类教育展、音乐会、工业展、图书展、体育竞赛、文艺演出等活动，这些活动形式多样，内容丰富，规模空前，涵盖了两国政治、经济、文化、科技、教育、军事、地方等各个合作领域，展示了俄罗斯的悠久历史、灿烂文化、民族传统和国家建设成果，共有260项文化活动轮番登场，《2006—2007年中华人民共和国新闻出版总署与俄罗斯的的联邦出版与大众传媒署合作备忘录》互为主宾国，2007年，双方将在俄罗斯举办“中国年”；“中俄两国所出版的对方的著作远低于两国关系现有的水平”；进口俄文书排第6位，每年不到300种。此次中俄国家年使中国走出国际传播的劣势，树立了成长中的大国形象。

3. 德国雅斯贝尔斯的“国际理解教育”

和平的国际环境是国家可持续发展的重要前提。国际理解教育的目的是使受教育者建立一种对人权、对主权国家的宽容、尊重、团结的态度。德国复兴的思想之父雅斯贝尔斯对“国际理解教育”的经典陈述是：教育是人与人精神契合，文化得以传递的活动。而人与人的交往是双方（我与你）的对话和敞亮，这种我与你的关系是人类历史文化的核心，而任何中断这种我和你的对话关系，均使人类萎缩。

也正是基于这种理念，德国在战后很快便放下了历史的恩怨与包袱，通过与法国、波兰等国的和解，找回了自我，也赢得了国际社会的尊敬。

今天，重温这些话，仍具有现实意义。处在这个多元文化共生的社会，如果我们没有海纳百川的胸怀和宽容、礼让的气度，便会有无休止的争端与冲突，相对于人们在语言和文化学习上付出的学费，无视和误解他人的文化和需求所付出的代价，将更为惨痛与不值。

美国与其他国家在沟通能力方面表现出的不相称状态显然已引起美国政府的注意。统计数字表明，在中国，大概有3亿人在学习英语，到2025年，估计会说英语的中国人将会超过美国人；但形成鲜明对比的是，只有3.4万美国学生在学习汉语。而学习阿拉伯语的美国学生也不超过1万人，并且只有300人能达到与阿拉伯人很好沟通的程度，尽管中东地区已成为美国的战略核心地带①。

美国教育部近期的一些说法透露出积极的信号。日前，在与中国教育部签署了一份旨在扩大两国语言和学术交流的谅解备忘录后，美国教育部长玛格丽特·斯佩林斯表示，美国政府正采取行动，努力使签证申请程序“更便捷、更透明”，以鼓励国际学生来美留学。

在鼓励中国、印度等国学子赴美学习的同时，斯佩林斯还表现出对美国的中文教育的关注。在她看来，由于中国的崛起，美国学生熟练掌握普通话已变得“极其重要”。更进一步地说，鼓励美国人在本土接受汉语教育或者到中国学习，深入地了解中国和中国人，不仅符合美国学生自身的利益，也符合美国的国家利益。

五、华文出版的对策和建议

1. 政府高度重视，加快体制改革

政府管理方面，中央政府已经意识到文化安全和版权贸易的重要性和迫切性，有关部门正在制定中长期发展规划，加大财政投入；转轨改制尚在试点阶段，出版市场没有放开，总量控制，媒体分割，严格限定，旧体制尚未完全打破，公司制、股份制刚刚起步；政府必须建立和完善法律法规，已有的“一法五条例”是远远不够的，有太多的空白需要填补，另外加快进度制定文化产业发展规划、创新工作机制，以往出版业是国家保护特许经营，致使许多资本望而却步。多数出版企业热衷引进，懒于输出。走出去的信心、动力不足，还需要通过政策加强引导。把“走出去”当作长期战略目标，落实扶持措施，

①张国庆．国际理解教育［EB/OL］．铁水的博客，2006-11-21，http://blog.sina.com.cn/s/blog_4aa3d77101000681.html

在市场准入方面要降低门槛，放宽政策。对那些需要通过市场运作的项目，在内容、海外布局、实施方式、网络建设、资金使用以及税收等方面予以支持，免征所得税，纳税扣抵，以便国内公私出版发行单位及海外机构配合执行。同时，从维护和发展民族文化的角度出发给予资助。

“国家文化产业战略”势在必行，需要产业发展与文化保护同步，建立各区域的特色文化产业。要增加文化魅力与吸引力以丰富和提升西部旅游产业；北京、上海成为国际文化大都市，在国际上形成华流，中国要在全球建立100所孔子学院，建立文化产业基地。

制定文化产业战略规划主要从以下几个方面着手，产业结构调整、打造产业链、提升制造业、高附加价值、改革管理体制和开放与发展。

2. 加强资源的多元整合

打破地方和部门壁垒，除了以区域联盟，优势互补的横向协作外，还可以考虑以内容资源为核心纵向开发的整合。香港联合集团总裁陈万雄认为，地域的整合、材料的整合、科技应用的整合都是出版业未来有可能采用的新方式。作为华文出版者，最重要的是在不同范畴里多元整合，多单元整合，创作新的赢利模式[①]；资源整合涉及出版流程的各个方面，包括作者资源、书稿资源、制作技术资源、通路流通资源和读者资源等等。

除了多范畴的整合之外，更要发挥各地的优势，互补与合作。大陆、港、澳、台的出版业存在着竞争，这是毋庸置疑的事实，但更需要互助；良性竞争，充分考虑各地在资源、资金、人才、市场、科技、管理方面的互补性，加大与各国特别是东南亚国家出版界的交流，将华文图书推向新、马、泰、菲等国，拓展华文图书的市场，加强文化交流，同时也要充分考虑文化安全问题。

---

①安琪．华文出版：整合与交融［J］．出版参考，2005年第13期

3. 打造营销网络，建立流通渠道

中国的图书销售额约有800亿元，但流通至海外的繁简体出口图书据估计约有1亿元到数亿元，输出到欧美国家的不超过整个华文图书市场的1%。建立海外物流中心，现在还是依赖进出口公司被动销售，采用的供销方式极为传统，而海外市场一定要打破以往模式，开展网上销售机制，建立海外物流枢纽，使海外地区也能自行退换，改善服务，组织展销，利用合资合作、连锁经营。

特别注意的是一定要严格规范市场行为，当前大陆版权贸易市场恶性竞争现象严重，一些出版单位竞买版权、哄抬价格、抢夺出版资源，版权输出方面又竞相压价，严重影响了国家利益和行业秩序。这种恶性竞争甚至蔓延到了海外大陆图书市场。洛杉矶长青书局顾问刘冰介绍说，在美开办仓储式书店的一家大陆企业，以远低于行业成本的人民币价格卖书，严重扰乱了当地大陆书市场，在美几家大华文书店老总纷纷表示“不敢再进大陆书”①。规范对外版权贸易市场，建立行业国家利益意识和职业道德意识，成为版权贸易市场走向有序竞争的当务之急。

4. 加大外向型人才的培养

华文出版带来了巨大的商机，出版人才的培养已成为出版业跨区域成功的关键因素之一，外向型人才的培训已成为文化产业和版权贸易能否成功的关键因素之一，当商机和市场来临时，重要的是有无相应的人才。

所谓外向型人才，就是既有国际贸易、版权法律知识又精通外语，还熟悉出版业务的复合型人才。走出去、请进来，加强国际合作力度，出版从业者之间可以进行联合培训，有的放矢，直接吸收先进

①陈佳，李苏晋．缩小图书“逆差” 书香传播中国文化［EB/OL］．人民网，2005-08-08，http://culture.people.com.cn/GB/40466/40468/3598713.html

经验。

5. 树立品牌意识，实施精品战略

出版者必须加强内容开发，只有文化产品的内容最体现民族文化，价值取向和意识形态。生产的产品即图书要有针对性，适于版权转让，能占领市场。抓好重点工程，选题一流、内容一流、翻译一流、出版一流、发行一流，进入其主流。

2006年10月在法兰克福国际书展上，外研社与麦格劳-希尔教育出版公司合作出版《我和中国》，在实现对外汉语教材本土化和打入海外出版发行主渠道方面迈出了重要一步，真正实现了汉语教材走出国门，走向世界①。

中国出版的品牌目前有：著名的“商中三”——商务的工具书、中华书局的古籍、三联的学术专著；计算机图书出版的“四大金刚”：人民邮电、电子工业、机械工业、清华大学，出版图书种类占35%，销售额占60%；其他还有，外研社的语言类工具书、人大的考研辅导类图书、中信的经营管理类、长江文艺的名人畅销书以及辽宁教育的新世纪万有文库、吉尼斯、绘本等。这些图书品牌与出版社品牌虽然已经在市场上拥有一定的实力，但整体上讲，出版品牌现存的问题还不少：一是影响范围窄，大多限于国内，在国际市场上缺乏声誉；二是数量少，富有特色的品牌出版社并不多，大多数出版社缺乏自己的特有风格；三是个别学术图书出版后，质量不高，颇受非议，反而会损坏出版社原有的品牌形象；四是传统知名出版社，虽已形成品牌效应，但缺乏开发新的精品出版物的能力，有“吃老本”的潜在危机；五是新兴知名出版社，虽然策划、出版了若干畅销书，但综合价值比较有限，常销书、精品书还不多，难以形成可以反复利用、拓展利用

①《我和中国》首发法兰克福书展［EB/OL］. 人民网，2006-10-18，http://book.people.com.cn/GB/69371/4932432.html

的优质资源。

目前，国内也在积极组建跨媒体的文化产业集团，但由于和国际相比，双方力量相差悬殊，不是一个重量级，想要真正建立集书、报、刊、新闻出版、广播电视、演艺网络、市场推广于一体的立体传媒集团，还需要一段时间。

结语——实现中华文化的伟大复兴

只有中华文化的伟大复兴，才能实现中华民族的伟大复兴。为了加强文化安全的意识，发扬中华民族伟大的精神，力争做到以下几点：

一要坚持改革开放，吸收全人类的文化精华，不能消极闭关防御；

二要关注西方强势文化的冲击和渗透，保持清醒头脑，建立国家文化安全战略；

三要有自立于世界民族文化之林的气度和自信，建立产业新军稳扎稳打，创出新局面。在冲击和对立中砥砺、提升、崛起、复兴。

欣慰与感激

——2013年第九届海峡两岸华文出版论坛祝词

一年一度的海峡两岸华文出版论坛已经召开第九届了，每年8月底，我们都怀着期盼和喜悦的心情迎接对岸的朋友欢聚，共同研讨出版与文化产业的热点问题。说到我的感想，充满欣慰与感激。我们这个论坛之所以越开越好，而且还会继续开办下去，可以说有8个得益：

一是得益于我们有共同的思想基础和理念：要把中华民族的文化和核心价值观讨论清楚传承下去，要让华文出版抓住机遇，迎接挑战，走向世界；要理论联系实际，加强交流与合作，培养高层次创新型人才。

二是得益于我们几位发起人同样宽广的胸怀和宽容的性格，我和万老师、白院长等每次通信或促膝商谈有关论坛会务问题时，总是一拍即合，总能想到一起，总感到心有灵犀一点通，几乎没有大的分歧和矛盾，真像是一家人，心里充满浓浓情意。

三是得益于每个学校都想着为会议做贡献、想方设法把会办得更丰富、更成功，在经费上从来没有计较。我们北大在承办前六届论坛时，得到南华、河大两家大力协助，打下同心协力的良好基础。去台湾召开的第七届论坛，接机、食宿、会议、参观、佛光山见星云法师以及从高雄到台北的三家出版企业考察，每个环节都安排得十分周到；在大陆开会，白贵院长多次安排我们参观保定军校、直隶总督府、满城汉墓、狼牙山、避暑山庄等；这次印刷学院的师生做了大量准备工作，召开多次预备会议，牺牲假期，赶编出两本论文集，功莫大焉。万老师每次把南华到京第一站安排在北大，由我介绍北京文化和北大精神，是给我们一个机会，十分感念。

四是得益于业界专家的大力支持，包括中国新闻出版研究院、中国出版集团公司、韬奋基金会聂震宁理事长、桂晓风副署长、郝振省所长、周蔚华社长、蔡祥社长等各位同仁的支持，每一届论坛都有紧扣主题、高屋建瓴的主旨演讲和紧贴实际的业务参观。

五是得益于参会师生热情投入，论文数量和质量不断提高，每届各校所投的稿件都要经过一番筛选，都有紧张的小组交流和严格的评论，参会者在短短的会议期间里获得大量最新信息，学到严谨的学风和各具特色的研究方法。我敢说：每一场分论坛交流都会给参会者留下深刻的启迪和难忘的记忆。

六是得益于我们开门办论坛，队伍不断扩大，从最初的北大、南华两家到河大三家，再加上南大、北印、世新三家大学以及这届超过十所院校的代表参加，可以称得上“众人捧柴火焰高”。

七是得益于后继有人、不断创新。可以说，我们开始的几位现在已退居二线，担任顾问，不再奔波忙碌。忙于会务和论文集编辑的是任文京教授和王彦祥、金强、蔡玉沛等几个年轻人。河北大学还主动建立起华文出版论坛秘书处和专门的网站，使我们的论坛有了长年不断的固定的交流平台，在此我要表示衷心感谢。

八是论坛成果不局限于每年一届的会议，除了几本有形的论文集，还有许多无形的深刻的连带成果。从论坛的立意、商谈、筹备到付诸实施，已超过十年，十年交往确实促进了海峡两岸多所院校的学术交流、教学互访与人才培养。我是第一个在2005年年底被南华大学邀请去讲授“中国出版史”一门课程的老师，在台湾过的2006年春节，一个月时间考察、参观、讲学各项活动安排得十分饱满。其后有白贵院长、陶丹、张志强、方卿、黄先蓉等十位大陆教授前往对岸包括到台中技术学院讲学。武汉大学和河北大学也多次邀请万荣水、黄昱凯、杨聪仁、洪林伯等前来讲学。2010—2013年连续四年的北京大学新年文化产业论坛我们都邀请了黄昱凯老师出席并发言，还邀请他到我们现代出版研究所的学术沙龙来介绍台湾最新动向和学科进展。更可喜的是我们招收了南华大学毕业生来大陆攻读博士学位，仅我所在的北大新闻与传播学院现代出版研究所近三年就连续培养出王璇、万丽慧、雷碧秀三位博士，均已获得学位。北大信息管理系正在培养王念祖、吴瑞淑两位博士生。武汉大学也培养出了四位博士。真可谓硕果累累。

回顾过去的十年，心中充满感念；展望未来的论坛，心中信心饱满。我们的华文出版论坛一定会越办越红火，两岸的出版教育与文化创意产业也一定会蒸蒸日上。

推陈出新，创意无限[①]

——从故宫博物院镇馆之宝《唐写本王仁煦刊谬补缺切韵》谈起
——2013年第九届海峡两岸华文出版论坛发言

故宫博物院诸多珍贵宝藏举不胜举，图书馆所藏宫廷典籍中有一件堪称镇馆之宝——《唐写本王仁煦刊谬补缺切韵》。宋元本在今日已经十分罕见。此书据传为唐代吴彩鸾写本，素笺厚纸本，最奇的是它的装订形式——龙鳞装。全书共24页纸，除首页是单面书写外，其余皆两面书，共47面，每面35行，自第9页“耕”起为36行，每行字数不等。朱栏，纵25.5cm，横47.8cm。卷首、末钤宋宣和及清乾隆帝诸玺。卷末有明宋濂跋。前隔水有“洪武三十一年四月初九日重装”及“裱褙匠曹观”字样。以上是各媒体对它的客观介绍。

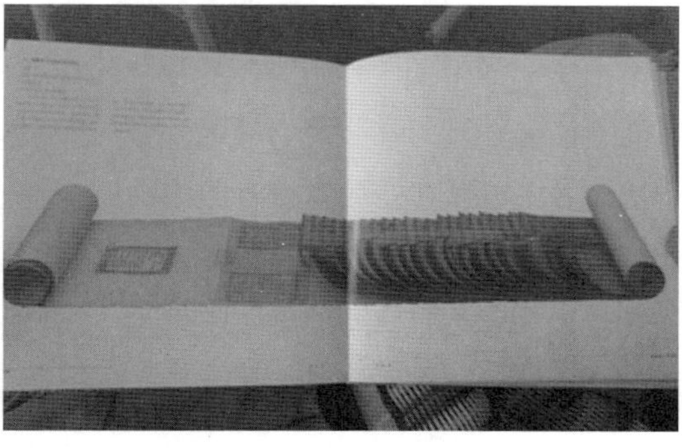

①本文与张晓栋合作完成

一

此书实在是稀世之宝，称得上有三绝：

第一绝是内容上，欲得《切韵》原貌，唯赖此全本，而且刊谬补缺，学术价值极大。我国古籍汉代原为七分，魏晋至隋唐逐渐演变，分为四部，经部里有“小学”一类，下分三个系统：一是以《说文解字》为首的主形派，以部首排列，称文字学；二是以《尔雅》为首的主义派，以分类为序，称为训诂学；还有一派以《切韵》为首的主音派，按音韵为序，称为音韵学。《切韵》一书与《说文解字》《尔雅》相比，成书最晚，保存最不善。隋仁寿元年（601年），颜之推、陆法言等撰成，凡5卷，共收12,100余字。《切韵 》上承南北朝李登的《声类》和沈约的《四声》，下启《唐韵》《广韵》《集韵》《平水韵》《韵会》《洪武正韵》《佩文诗韵》。可惜完整的《切韵》已不见，只有敦煌出土了屈指可数的残卷。可喜的是幸亏有唐代王仁煦在其基础上整理增订而成《刊谬补缺切韵》。一方面王仁煦本保存了陆法言《切韵》原书的体例和音类归纳的原则，还注明《切韵》与另外5家韵书分韵的异同，可供了解其分韵梗概和关系。另一方面王书又有着自己的特点，除对《切韵》加以刊正、补注义训外，还对本字俗体等加以辨析，增收约6000余字，另增立两韵，由长孙讷言注，裴务齐正字。因此，该书在汉语语音发展史和音韵学史上都具有极为重要地位和研究价值。难得的是此书完整保存在故宫博物院图书馆，在《切韵》原书已经遗失的情况下，在汉字语言文化史以及音韵学研究史上的价值自不待言，所以我们看到围绕这本书的博硕士论文已经可查到数十篇。已知《刊谬补缺切韵》还有两种传本：其一出自敦煌石室，20世纪初法国人伯希和盗出，现存法国巴黎国家图书馆，残损较甚；其二为故宫所藏明项元汴跋本，称“内府本”，但内容与宋濂跋本殊异，早经学者定为他人改作之书。

第二绝是书法艺术和书籍生产史上的价值。各家都认定由吴彩鸾书写。关于她的籍贯、时代、身世有多种说法，此不一一考辨。按宋张邦基《墨庄漫录》中所述，吴彩鸾是唐代成都的一位道姑，但早此说法之前，人们已经给吴彩鸾附会了很多美丽的传说。唐裴铏的《传奇·文箫》里说吴彩鸾隐居在成都附近西山，后来她从西山下来，邂逅并嫁给了贫苦书生文箫。文箫家贫不能自给，她和文箫同甘共苦，彩鸾每天写韵书一部，让文箫售以度日。居十年，各跨一虎飞升。在唐末道教学者杜光庭改编在《仙传拾遗》里，吴彩鸾又被赋予了跨虎女仙的神秘形象。这位多情而有才华的女书法家、雕塑家、文学家早已演变成了神话中的仙女。居然人世间还存在着她写的原件，这岂不是一个奇迹。其实真实的大背景，是印刷术普及以前，存在于民间的“俑书”和“经生”现象。“投笔从戎”的典故告诉我们早在汉代，班超在出使西域之前，就是一个以抄书为业的“书佣”。可以说从造纸术发明到印刷术普及这一千年间，中国的书籍生产复制主要就靠这些家境贫寒、名不见经传的“书佣”和以抄经为职业的“经生”。他们大多没有留下姓名，能留下姓名的如班超、阚泽、王僧孺、吴彩鸾等是因为他们另有别的业绩。吴彩鸾既有诗歌等文学作品流传于世，还有刺绣、雕塑、书画作品的记录，堪称古代奇女子。

第三绝就是该书的装帧形式。故宫存世这一卷几乎是龙鳞装的孤例，所以极为难得。全书只有首页全幅粘裱于卷纸右端，第二页接续首页尾，仅以右端纸边粘于底纸上，各页再依次以右纸边向左相错1厘米粘裱，此式卷起如手卷，展卷时书页鳞次相积，故称“龙鳞装”。因在收卷时各页鳞次朝一个方向旋转，宛若旋风，故又有“旋风装”

之称。这两个名称，刘国钧先生和国家图书馆李致中先生似乎有争议。但无论是称“龙鳞装”还是“旋风装”，都认为是卷轴制向册页制过渡的一种装帧形式，有页无册，外形似卷轴，但长度大大缩短，既便于翻检，又保护了书页。作为翻检查阅的韵书，书口错开，更便于读者检索，克服了卷轴难数卷舒的不便，其优点显而易见。有人说该书原为散页，宋宣和年间裱成此种形式，明洪武年间重装时保留了原貌。

此书由宋内府一直传到清内府，清亡时被溥仪盗携出宫，流落民间。1947年复为故宫博物院购得，仍完整无缺。与各书著录比照，宋徽宗泥金题签已佚，宣和七玺存四，本幅上加钤了乾隆帝诸玺。同时还可赏其书法，考其纸墨装潢，堪称稀世之珍。1947年，故宫博物院将此本影印出版，签题《唐写本王仁煦刊谬补缺切韵》。

我们说，这三绝有其一就已十分难得，何况集于一身。还有一点不容易的就是关于这部书的记载史不绝书。早在北宋欧阳修《归田录》卷二:“唐人藏书，皆作卷轴，其后有叶子，其制似今策子。凡文字有备检用者，卷轴难数卷舒，故以叶子写之，如吴彩鸾《唐韵》、李郃《彩选》之类是也。”清楚说明吴彩鸾还抄写过孙愐著的《唐韵》以及由卷轴到书页的演变过程及其原因。书法家黄庭坚在一篇跋文中也对吴彩鸾抄写《唐韵》大加赞赏，并说明其所见之本有29页，后8页是他人所补，“气韵肥浊不相入也”。宋朝张邦基在其《墨庄漫录》中，有“逐页翻飞，展卷至末，仍合为一卷”。宋《宣和书谱》《中兴馆阁储藏书画录》等书均有著录，元王恽《玉堂嘉话》卷二记为“吴彩鸾龙鳞楷韵”，元代诗人虞集也对吴彩鸾抄写的《唐韵》多次提及，推崇备至。清代《石渠宝笈·初编》著录为“唐吴彩鸾书唐韵”。此外，史书中记在吴彩鸾名下的抄本韵书还有很多，如《切韵》《玉篇》

等。也都夸赞“其小楷字体遒丽，用笔圆润，笔法纯熟，书写极速且精”，不一一列举（参见附录）。

二

《唐写本王仁煦刊谬补缺切韵》之所以珍贵，我们认为对探讨书籍发展规律极有价值。规律就是事物发展过程中本质的必然的联系。书史发展规律可分为内部联系和外部联系两个方面，前者是书籍内容与形式之间的对应与互动，后者则是书籍与社会历史条件的互动关系。

此书颇似动物进化史上的总鳍鱼、始祖鸟、鸭嘴兽，是一个转变过渡时期的代表，很有研究价值。我们把中国书籍的演变以两大发明为标志点分为三个阶段，各对应一种书籍制度，如图所示：

中国出版史的分期

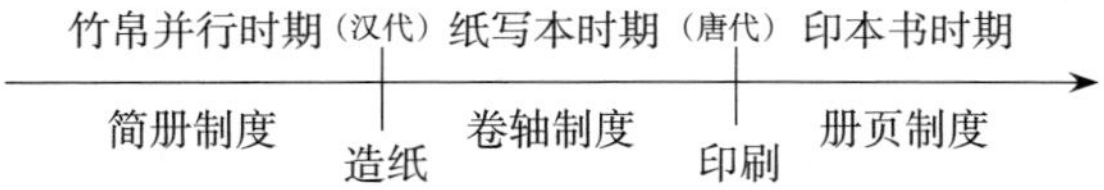

汉代造纸术发明前，是书于竹帛的简牍制度，由汉至唐是卷轴制度。从唐末到宋初，印本书籍逐步代替了写本书籍，册页制度逐步代替了卷轴制度。由许多单页而装订成册的称为册页制度。册页是宋代以来中国书籍的普遍形式，也是目前世界上最为通行的书籍装帧形式。

一张没有装订的印页，叫作“叶”（也写作页），装订起来的整体，叫作册。这种册页制度之所以在印刷术通行以后才产生，是因为雕版印刷的一版恰好相当于一页，它最适合印刷术的要求。

但是在我国唐代的写本时期，叶子就已经出现了，故宫博物院所藏的这部《唐写本王仁煦刊谬补缺切韵》即是明证。原因是卷轴不适合韵书这种图书的内容，为查一字，“难数卷舒”，于是人们就发明了书页，而且是两面书写，鳞次相错，留有一厘米的书口，像后世的大部头词典，每个字母在书口做出标志。另一种过渡形式是经折装。它受印度梵夹装的影响，把一长卷纸一正一反折叠，最后形成长方形一册，打开来还是长卷，是有册无页。龙鳞装则是有页无册。

以上可理解为书籍演变史上内容与形式的联系。我们还可从这部书看出社会发展对实际的影响。佛教在东汉末年传入中国，梁晋之后，中国大地掀起翻译佛经的高潮，既有意译，又有音译，音韵学随之兴起。隋唐之后为何韵书发达，一部接着一部，又与唐代以诗歌取士有关。唐代是我国诗歌最发达的时期，像诗仙李白、诗圣杜甫、诗鬼李贺等诗界巨人都产生于唐代。写诗要合辙押韵，就要查找韵书，原来的卷子不方便了，叶子应运而生。至于吴彩鸾则是由汉到唐以抄书为业的“佣书”和“经生”的杰出代表。这部书绝不是偶然诞生的。

三

研究讨论这部书的第三层含义就是这种装订形式今天是否还有生命力，我们能否受到它的启迪，把它的长处继承下来，推陈出新，创造出更多更美的书籍。

北大现代出版研究所与吉页文化有限公司合作成立了炎黄装帧艺术研究室，着重深入研究发展中华传统装帧技艺，创作出更多既具有古典韵味又散发时代特性的书籍艺术精品。吉页文化公司的研究人员张晓栋在《刊谬补缺切韵》的基础上发明一种专利，研制出《三十二篆龙鳞装金刚经》，其形状如下页：

莊嚴淨土分第十
無所行而名須菩
提是樂阿蘭那行

須菩提於

该书获第四届中华印制大赛金奖。

互联网环境下新闻出版产业未来发展趋势

——2014年第十届海峡两岸华文出版论坛祝词

正像人类的认知世界向宏观宇宙和微观基本粒子两个方向深入一样，网络数字技术推进着信息传播也朝着这两个趋向发展：一是像人们的认识由地心说——日心说——太阳系——银河系——河外星系——宇宙是否有边缘等问题一样，信息传播以及大数据也以每年58%的增速扩展着。其表现就是网际信息能量的规模集成。互联网信息的全程连通、全程采集、全程分析、全程使用已经成为网络信息传播的趋势；基于个体信息创造的整个网际的信息协作已经成为今天宏大网络信息工程的主流建造方式，即我们说的大数据、全媒体、云计算、云时代。第二个趋势是沿着物质——分子——原子——原子核和电子——中子——介子——轻子——基本粒子的趋势不断微化，其表现就是每个社会成员的信息创造与信息传播能量的深度开掘。网络数字技术使得个人信息的获取、创造、传播和使用都获得了日益强大的技术支持，在满足个体信息需求的同时，也为整体社会做出了贡献，即我们要讨论的碎片化、微传播、自媒体。而这两个趋势和区域又是密切关联，相互依存的。

一、有关自媒体的定义及相关论述

在大数据时代，正在逐渐地走向这样一种理想境界，就是“我为人人，人人为我”。我们说共产主义理想境界就是“我为人人，人人为我，各取所需，按需分配”等，原来没有想到这一条我们首先在信息传播领域率先实现。大数据的应用也在很多领域展开，如军事、食品、安全、交通、气象等，所以，现在又在讨论集成经济，我们要充分利用这些信息技术建设文化强国。

在大数据时代，现在还有富媒体一说，由传统的单媒体发展到多媒体、全媒体，这也是一种比较广阔的视野。童之磊的“中文在线”在搞全媒体、书香中国的努力之前，提出他们的“5A”愿景，就是用各种传播手段和传播技术来为用户服务，让任何人在任何时间、任何地点通过任何方式，看到任何想要阅读的内容。

我们说的深度挖掘信息，一方面是指全面的，另一方面就包含自媒体，也叫社会化媒体。自媒体中，普通公民成了信息的发布者、整理者、传播者，社会的信息生产不再由专业化传媒机构所垄断。传播的主体扩大了、广泛了、多元化了。

自媒体这个概念由来已久。1995年出版的《数字化生存》一书，第二年就被胡泳译成中文。作者尼葛洛庞帝写道：“信息时代中，大众传媒的覆盖面一方面变得越来越大，另一方面又变得越来越小……到后信息时代，大众传播的受众往往只是单独一人……在数字化生存的情况下，我就是我，不再是人口统计学中的一个‘子集’。”这本书被翻译后，在很短时间内就再版8次，发行几十万。胡泳在《自媒体的探索与冒险》一文中归纳说：

尼葛洛庞帝早就看到了“碎片化”将成为遍及所有媒体平台的最重要的趋势，甚至指出了碎片化的终点：“一人受众”。博客宣告了新的个人化媒体时代的来临。这个时代的一个代言人是丹·吉尔默，他在2004年出版了《我们即媒体：民治民享的草根新闻》一书，这一书名显然内含麦克卢汉般的野心，要为以博客为代表的真正新媒体发表独立宣言。

吉尔默发扬了“自媒体”概念，仔细体会其思维逻辑，其实他的意思就是原本由媒体组织掌控的大众媒体已经逐渐蜕变为人人都有机会参与的“公众媒体”（public media），或者说形成了真正“人民当家做主”的“共和媒体”（republic media）。“We Media”还有几个同义词，最频繁的就是“participatory media”（参与性媒体）、“citizen journalism”（公民新闻）、“collaborative media”（协同媒体）等等。

自媒体带来了一种新时代，它说明传播领域，不只是媒体公司和专业记者自上而下的“广播”，而越来越成为一种受众、编辑、记者等一起互动的自下而上的“互播”。总结来说，自媒体是普通公民经由数字科技与全球知识体系相连，一种提供与分享他们真实看法、自身新闻的途径。

二、自媒体发展的特点和优势

我们说自媒体又叫“私媒体”“草根媒体”“公民媒体”“独立媒体”“参与式媒体”“社会化媒体”“合作媒体”，这些与之接近或内涵交叉的概念，其本质都是用户生产内容媒体（“Uers generated contents”）。其特点是：草根性、及时性、娱乐性、随意性、人人都有麦克风、人人都是把关人、去中心化、快速互动性。其优势表现为：载体普及、使用方便、技术简单、费用低廉。来源于大众、交流于大众、服务于大众；其核心在于普通大众的信息自主提供与分享。

自媒体在形式上包括：博客、微博、社交网站、公民网站、视频分享、群组功能、维基百科、即时通讯、论坛、掘客、播客等。受众不再是被动的角色，而是新闻的参与者和创造者。受众作为主角，参与到新闻和信息的手机报道、分析和传播过程中。自媒体成为一种私人化、平民化、自主化的媒体。

最早自媒体的形式是读写网。按照万维网的发明人——伯纳斯·李的说法，万维网从一开始就是一个读写网。但在第一阶段，一对多的传播仍然占据主导地位。作者、广播者、表演者总是高于读者、观看者和欣赏者。此一阶段的读写网，以读为主。在第二阶段，发生了从读到写的转移。新的戏剧性的一幕出现了：读写网变成了参与式的。再后来，博客宣告了个人化媒体时代的来临。在2002—2003年开始崛起的博客是最接近万维网原初的读/写设想的网络工具。它也是使网络出版真正得以实现的第一种工具。

“自媒体”一词在中国成气候需归功于两点：一是移动互联网催生了新的内容生产和传播方式，以微信为集大成者。2012年8月23日，微信推出公众平台。它实际上是腾讯公司在微信的基础上新增的功能模块，通过这一平台，个人和机构都可以打造一个微信公众号，群发文字、图片、语音三个类别的内容。这个平台吸引了众多媒体，也吸引了众多期待转型和突破的媒体人。以微博、微信为代表的自媒体时代彻底解放了作者和读者。任何一个人都可以以社交网络建立起传播渠道，作者、读者和渠道融合到一起，拥有了独立的话语权。自媒体实现了从作者到读者链条的互通和信息的双向流动。这是人与人的匹配时期，所有盈利的秘密是人与人之间的互动、沟通。这个时候，人即是媒体。

2013年至2014年是互联网思维改造传统行业的一年，小米手机、京东和当当 、嘀嘀打车和快递打车的竞争都表现出“醉翁之意不在酒”，先把客户拉过来，用户需求、体验、服务至上的互联网思维开始普及。在营销上追求平等、透明、互动、去中心化。可以看到媒体中心从PC到手机转移已成趋势。国内互联网大亨纷纷发展新媒体以适应移动互联网的浪潮。自媒体的一大趋势是自媒体联盟化。

当然，自媒体的发展也存在着风险。胡泳曾在新浪微博上写过一句评论："自媒体有两大风险：一是被商业买通的风险，二是被权力取缔的风险。"这波自媒体与此前的各种UGC相比，最大的差别就在于拥有强烈的商业化意图。卖广告者有之，卖会员者有之，甚至出现了新的生意模式，把一群自媒体打包出售，"为企业量身打造一站式个性化自媒体营销解决方案"。自媒体是自下而上的，而传统媒体是自上而下的。借用塔勒布在《反脆弱》一书中的判断："如果说一切自上而下的东西都会使我们变得脆弱，并且阻碍反脆弱性和成长，那么一切自下而上的事物在适量的压力和混乱下反而能够蓬勃发展。"所以，尽管两大风险是现实的存在，相信仍会有一批严肃的自媒体展开自由的探索和积极的冒险。

三、从传播学5W模式看自媒体的特征

我们从传播学5W模式，即Who（谁）、Says What（说了什么）、In Which Channel（通过什么渠道）、To Whom（向谁说）、With What Effect（有什么效果）五个方面来解读自媒体的传播特征。

（一）Who（谁）。自媒体传播主体多样化。自媒体中，大量个人、非专业的传媒机构成为传播的主体。据统计，截至2013年6月我国微博用户规模达到3.31亿。据对中国最有影响的10家网站统计，仅微博每天发布和转发的信息就超过2亿条。截至2013年11月，公众账号数量已突破200万，并每天保持8000个的增长速度，信息交互超过1亿次。见图1。

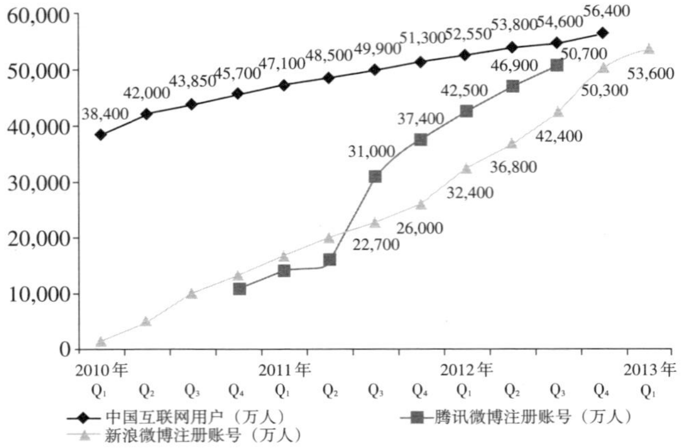

图1　2010—2013年新浪、腾讯微博注册人数与中国互联网用户比较

（二）Says What（说了什么）。自媒体体现了内容的个人化及表达方式的个性化。以博客为代表的个人化媒体，本身具有人内传播、人际传播和大众传播等多重传播优势。其内容“集私密性和公共性为一体”。内容上既可以实现自我展示，又可以实现“基于个人空间的人际互动”。自媒体的内容在时效上倾向实时性，带有实时性、地域性特色的传播内容更受欢迎。

（三）In Which Channel（通过什么渠道）。自媒体的传播平台具有易用性的特点。从90年代初的个人建站，发展到后来的网站空间→博客→微博→微信公众账号；个人建立、拥有和维护信息发布平台的门槛越来越低，越来越容易。移动化加剧了这一趋势。据统计，2013年第一季度，通过移动终端登录新浪微博的活跃用户为3810万，相比2012年年底，净增338万，占总活跃用户比例为76.5%。智能手机等移动终端的普及让人们上网的时间更加碎片化，移动化成为微博应用的主流。见图2。

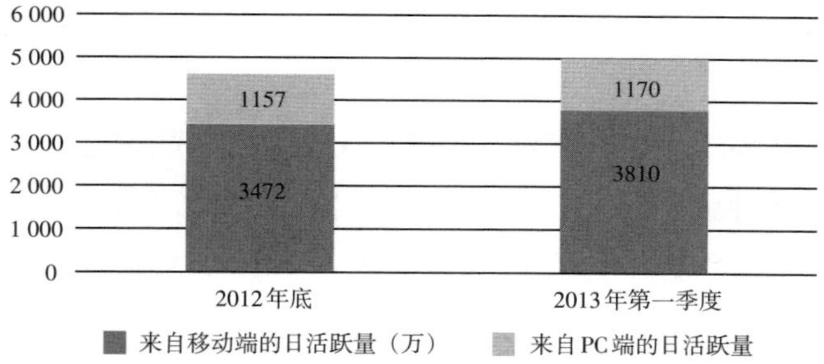

图2 2012年底—2013年年中新浪微博移动端活跃量数据

（四）To Whom（向谁说）。自媒体传播对象比较灵活。在数字化时代，基于数字媒介的传播过程中，传播对象可以非常精准，例如，以性别、区域、兴趣等进行划分和限制，既可以有普通意义上的“大众传播”，又可以有基于不同维度的“圈子化”传播。

（五）With What Effect（有什么效果）。自媒体对社会行为产生了深刻影响。人们的信息行为由主动接受变为主动参与，人和人之间的社会交往从人际交流变为网际交流。截至2012年年底，中国网民数量达到5.38亿，手机网民规模达到3.88亿，手机首次超越台式电脑成为第一大上网终端，其中微博的渗透率已经过半。人们的信息关注重心由他我中心转变成自我中心。每一个用户都可以发布信息，同时，又是接受其他用户信息的节点，他们之间的互动又会增加新的信息，改变信息的传播路径和状态，所有这些信息都是全面开放共享的。每一个用户无论是自媒体信息的提供者，还是索取者，都会以自己为中心形成规模各异的“节点共享”的信息传播网络。

自媒体改变了传统的传播方式，使媒体从单一的传播到互播，传播理念“平等”：每个公民都是记者；传播价值“同向”，信息的生产者、使用者具有相近的价值取向，这种价值的同向性决定了自媒体新闻具有更加强烈的贴近性、趣味性、动态性，更符合目标受众的偏好；传播路径“网状”：信息的自主复制、转发不同于以往一对多的单一传播模式；传播实效“高速”：微博、twitter成为许多新闻的第一来源。

自媒体的信息生产体现出以下特征：1. 全景式的内容生产：人人参与、对话性强。2. 关系式的内容营销：自媒体语境下的受众是社会网络结构中的受众，这种社会网络遵循“梅特卡夫定律”，其内容是网络的价值等于网络节点数的平方。也就是社会关系网络的价值不仅仅在于技术这一工具理性，而更在于经由技术、信息、文化、情感等所联结的关系节点的整体性。3. 数据式的内容管理：传播内容的整体数字化，快速量化的传播效果。一篇文章的传播效果能很快地被量化反映出来，而这些数据可以迅速甚至实时地反馈给传者，方便传者做出调整。4. 自组织式的内容运营。从内容创作、把关到调整经营可以不依赖于特定的组织，而由自组织的形式来完成。

四、从出版学角度看自媒体

关于“出版”的定义。《世界版权公约》这样定义出版：把可供阅读或通过视听可以感知的作品，以有形的形式加以复制，并把复制品向公众传播的行为。《著作权法实施条例》则是这样表述出版的：将作品编辑加工后，经过复制向公众发行。构成出版的要素，前提是作品，包括文字、图形、音乐、美术、录像、计算机软件等多种门类。出版的关键要素可以归纳为12个字：选择作品、加工复制、广泛传播。

自媒体平台对出版业产生了较大的影响，在出版环节方面主要体现在：（一）简化了出版流程，及时快速出版成为可能；（二）大数据时代，对用户进行分类管理、精准推送、直接对话，而这就是自媒体的优势所在；（三）解决了传统出版与电子出版后续的传播推广、二次传播和用户信息的获取问题。

对作者的影响主要体现在：（一）降低了出版门槛，表现为更为自由的写作模式，调动了作者出版的主动性，强调对用户的关注与互动；（二）作者在出版环节中的话语权增强，改善了作者的地位。

对编辑的影响主要有：使编辑把关人的权利丧失，文化积淀与价值判断，构思与策划话题，成为平台与作者的桥梁。

有人把自媒体和传统媒体做了比较研究，认为传统媒体是一种间接的、封闭的单向传播方式，传统媒体门槛高、操作难、互动弱、传播慢、水平稳、信誉度高；而自媒体通过开放的平台实现作品的展示和与读者的沟通作用，直接联系读者与作者，门槛低、操作易、互动强、传播快、水平差、信誉度低。我认为不要一概而论，水平不是都低，是高低相差悬殊，是各有优劣。自媒体组合平台的价值体现于以内容为导向的为作者、读者服务。从提供单一的图书产品向核心以“提供阅读”为主的长期、持续的服务转变。

自媒体虽然有其自身的传播优势，但其在发展过程中，我们不能忽略其客观存在的问题，主要表现在：（一）质量参差不齐，新闻真实性存疑，比如最近的秦火火案例；（二）媒体公信力较低，受众存在选择性困惑；（三）自媒体运营能力不足（优质的自媒体背后有完整的策划团队），盈利模式尚未清晰，现在的盈利模式可能的会有：硬广、会员制度、二次开发线下出版、自我宣传的平台等等，但还需进一步摸索探讨。

自媒体还可以在社会功能上进一步拓展，我看到黑龙江徐海静有篇文章思路开阔，包括：政务播报：塑造服务型政府形象；舆论研究：反映百姓真实声音；民生关注：满足民众合理要求；公民教育：提高社会文化素质；专门咨询：提升个体生活质量；记忆建构：积累国家档案资源。

传统媒体如何应对自媒体的逆袭呢？站在传统媒体的角度，逆袭似乎是坏事，其实挑战可以变成好事，促使传统媒体抖擞精神，发愤图强，积极应变，跟上时代发展。可以归纳为五个“更”。首先，传统媒体应该更专业，体现新闻专业主义精神，坚持内容依然为王的原则；要更权威，包括内容信息获得渠道及采访人物和事件上；更可信，这也是传统媒体的杀手锏，称为新媒体内容求证的一个重要渠道；更兼容，传统媒体可以采取全媒体策略，融合自媒体的优势来发展；更投入，传统媒体在内容研发力度上应该增强，创建出重量级的优秀产品。

最后，说说我的愿景：在自媒体的未来发展中，希望通过自媒体，能发挥每位公民的聪明才智，个体的潜力、创造力得以充分发挥，实现思想自由、言论自由和出版自由。作为图书馆员和编辑出版、新闻传媒人员把读者需要的、有价值的新闻、信息、知识、数据等等，提供给读者，使读者能够查得到，用得上。这些都是自媒体的优势。我相信自媒体的发展对世界各国的传媒产业、文化创意产业和科学技术文化交流等方面都将产生巨大的作用！

参考文献：

1．尼古拉·尼葛洛庞帝．数字化生存［M］．胡泳，范海燕，译．海口：海南出版社，1996．

2．黄鸣奋．超阅读：数码时代的文本变革［J］．厦门大学学报（哲学社会科学版），2001（1）．

3．纳西姆·尼古拉斯·塔勒布．反脆弱［M］．雨珂，译．中信出版社，2014．

4．陈邦武．自媒体：后网络出版时代的新宠［J］．出版发行研究，2014（1）．

5．Bowman, Shayne and Chris Willis, “We Media: How Audiences Are Shaping the Future of News and Information”, Sep.21，2003，www.hypergene.net/wemedia/weblog.php?id=P42

6．刘志伟．自媒体影响出版生态端倪初露［J］，中国出版传媒商报，2013.10.8

华文出版与经典传播

——2014年第十届海峡两岸华文出版论坛在台湾世新大学成功举办

2014年8月20日上午，第十届海峡两岸华文出版与传播典范学术研讨会暨数位出版与数位内容策展论坛在台北世新大学管理学院二楼会议厅开幕。此届论坛的主题为“华文出版与经典传播”，由世新大学新闻传播学院、北京大学现代出版研究所、南华大学文化创意事业管理学系和河北大学新闻传播学院四家单位共同主办，并由台湾“文化部”“科技部”和联维集团赞助。

世新大学吴永乾校长、陈清河副校长，中华出版伦理自律协会李锡东理事长、北京大学现代出版研究所肖东发所长、北京印刷学院新闻出版学院魏超教授、南京大学资讯管理学院张志强教授及河北大学新闻传播学院任文京教授分别作为嘉宾致辞，讲述了论坛十年工作的辛勤与成就，表达了对第十届论坛成功召开的祝贺。

随后，主办会议的单位互赠纪念品，由陈清河副校长主持。世新大学教学卓越中心阮明淑主任主持了前中华电视公司关尚仁总经理的主旨报告，该报告题为“数位内容策展的发展与未来”；世新大学图文传播暨数位出版学系郝宗瑜主任主持了北京大学肖东发教授的主旨报告，题为“探讨和创建新闻出版业的未来”。报告中，肖东发教授结合时代与技术的发展展望了新闻出版的未来，强调了新闻出版不变的本质，并宣布了北京大学现代出版研究所及吉页书籍装帧设计公司正在联合研制全新的“尚书自组织数字出版系统”。

接下来，大会进行了对话交流，河北大学任文京教授、北京印刷学院魏超教授、南京大学张志强教授、城邦出版集团数位出版部祝本尧经理、群传媒庞文真执行长、联合报系数为创新处内部发展部周玮达副总经理、政治大学图书资讯与档案研究所邱炯友教授，分别代表祖国大陆和台湾、学界和业界，就有关数字出版及出版教育的相关话题展开了讨论，世新大学图文传播暨数位出版学系王禄旺教授主持。

20日下午，分组讨论在世新大学管理学院三楼教室举行，来自海峡两岸19所高校的师生共提交了近70篇论文，其中55篇论文在会议上作分组交流，分组交流沿用以往惯例，采用台湾模式，主持人和评议人由各校老师担任，严格控制时间，会场气氛活跃。

北京大学有周婧、王逸鸣、封世兰、李卓群四位同学提交了会议论文并通过审查，周婧、封世兰、李卓群三位同学赴台参会，被安排在三个不同的分论坛发表报告。

周婧的论文题目是《内地出版界“曾国藩现象”及其对经典出版传播的启示——基于近三十年来相关书目的统计和分析》，文章针对市场上大量与曾国藩相关的出版物面市，而在出版界兴起的“曾国藩现象”，基于对近三十年来与曾国藩相关的出版物的出版情况的分类整理分析，尤其是具有较大销量和社会影响力的与曾国藩相关的畅销书出版营销策略分析，探寻出版界出现“曾国藩现象”的原因及这一现象和出版经验对于传统经典类图书出版营销、中国传统文化传播的启示。

王逸鸣与封世兰两位博士的论文题目是《新媒介环境下大学生阅读行为的差异性分析——以北京市部分重点高校为例》。新媒介环境下，阅读方式发生了前所未有的变化，伴随着阅读载体从纸质媒介向电子媒介延伸，传统的纸质阅读正慢慢向电子阅读转移。当代大学生作为“未来社会的精英群体”，其阅读方式必然将引导社会阅读的未来走向，所以其阅读行为模式更加值得深入研究。文章以北京市部分重点高校大学生为例开展相关研究，利用问卷调查法，对北京地区6所重点高校大学生的阅读行为进行差异性分析，以六个变量为因子，对纸质阅读形态与电子阅读形态进行分类研究，深入挖掘新媒介环境下大学生的阅读行为。

李卓群的论文题目是《中国古典名著“走出去”路径研究》。随着数字技术与多媒体的进步，互联网和社会化媒体的发展，中国古典名著“走出去”有了新的机遇和挑战。随着时代的发展，经典名著在中国国内的影响趋向减弱，快速的生活节奏让当代年轻人的经典阅读率逐渐减少，出版机构迫于市场压力，对经典出版的重视程度也有下降，其对外出版同样受到影响。文章综合分析制约中国古典名著对外出版的制约因素，结合时代背景，针对读者阅读习惯的变化、经典名著重复出版、出版形式单一、再次策划缺乏创新、缺乏新形式的营销与传播等问题，从中国古典名著自身的特点、出版物的内容与形式、媒体传播与营销、读者的阅读方式、欧美名著对外出版等方面，思考中国古典名著如何能更好地“走出去”。并以中国四大名著为案例进行了具体的讨论与分析，以此探索中国古典名著“走出去”的新路径，形成面向大众、面向市场的新型名著出版模式，进而带动其他中国文学出版物、大众出版物进入海外市场。

会议期间，还进行了海报展示活动，有共计10篇论文和设计参加了展示，其中3篇来自南华大学，7篇来自世新大学，与会师生可以对张贴的论文和设计进行投票，最后选出优秀作品，并配合做了数位出版及数位内容观的策展方面的探讨，讨论紧张激烈、务实高效。

除主办单位外，提交会议论文并参加此次论坛的两岸高校还有北京印刷学院、南京大学、河南大学、陕西师范大学、上海交通大学、浙江万里学院、暨南大学、暨南国际大学（台湾）、亚东技术学院、元智大学、中国传媒大学南广学院、铭传大学、中国文化大学、台湾观光学院、台湾艺术大学，连同主办单位共计19所。

会后，世新大学副校长陈清河教授带领全体与会师生参观了世新大学校外教学实习基地，尤其是台湾科普媒体和APP园区。与会师生受到了被参访单位的热情招待，并对大陆师生提出的专业问题进行了细致解答。8月21日，全体与会师生赴新竹进行了文化考察，分别考察了新竹科技园区、台湾交通大学、台湾清华大学以及新竹县文化馆县史馆等。

（本文根据河北大学新闻传播学院报道整理，http：//jc.hbu.edu.cn/xyxw/1337.jhtml）